The Basel Process
バーゼルプロセス
金融システム安定への挑戦

渡部 訓

はしがき

　2007年の夏、かつて私自身が国際決済銀行に勤務するために過ごしたライン河岸の古都バーゼルを14年振りに訪れました。

　その時の目的は、2つありました。1つは、国際決済銀行を研究対象とするため、かねてより指導を仰ぎたいと望んでいた研究者である矢後和彦先生（当時首都大学東京）に面会することでした。そして、もう1つは、国際決済銀行を研究するうえで、必要不可欠な文書を保管する国際決済銀行アーカイブの責任者であるP・クレメント博士に同行アーカイブ文書の利用を要請することでした。

　私の国際決済銀行勤務は、1991年から93年にかけて日本銀行から派遣された2年余りでしたが、バーゼル銀行監督委員会事務局において、金融システム安定のための国際協力をサポートすることが使命でした。

　その勤務期に、ニューヨーク連邦準備銀行のG・コリガン総裁、イタリア銀行のT・パドア＝スキオッパ副総裁という2人のバーゼル銀行監督委員会議長に仕える機会を得ました。また、バーゼル銀行監督委員会事務局のメンバーは、事務局長をP・ヘイワード氏（イングランド銀行）とF・ムッシュ氏（オランダ銀行）が交代で務め、同僚にはC・フリーランド氏（国際決済銀行）、H・V・ローマン氏（ブンデスバンク）、D・ペニー氏（フランス銀行委員会）、W・ゲーリング氏（ブンデスバンク）、A・ギルバート氏（ニューヨーク連邦準備銀行）、E・ハーブレヒト氏（ブンデスバンク）、E・フィッシャー氏（イングランド銀行）がいました（バーゼル銀行監督委員会事務局における勤務開始時期の順）。

　当時、私がバーゼル銀行監督委員会事務局において主に担当したのが、

1987年12月に公表された『銀行の自己資本に関する合意（いわゆるバーゼルⅠ）』を実施していく際、各国の銀行が新たに開発するハイブリッドな資本調達手段をどのように取り扱うのか、という問題でした。1年に4回定例会合が開催されるバーゼル銀行監督委員会では、各国メンバーが、銀行資本としてふさわしい自己資本項目の取り扱いをめぐって議論し、私はその議論をサポートするため、会合に先だって議論の叩き台となる資料を作成し、会合が終わるとその成果を文書に取りまとめました。また、バーゼル銀行監督委員会傘下の自己資本小委員会（Capital Liaison Group）の事務局の役割も担当し、各国メンバーによる議論をサポートするための論点の整理とディスカッション・ペーパーの作成などを行いました。その当時のバーゼル銀行監督委員会および自己資本小委員会における議論はいまだ30年を経過していないため、アーカイブの文書としては公開されず、利用できるには至っていませんが、2010年12月に公表されたバーゼルⅢの内容には、その当時の議論が活かされています。

　バーゼル銀行監督委員会の歴史を振り返ると、それは銀行業務が技術革新を遂げながら急速に国際化する過程で顕現化した多様なリスクに対処するための、銀行監督に関する国際協力の試みであり、銀行業務の技術革新と国際化が絶え間なく繰り返されることを考えると、バーゼル銀行監督委員会の活動は、「シーシュポスの岩」に例えることができるかもしれません。

　まず、1974年12月のバーゼル銀行監督委員会の創設自体が、ドイツのヘルシュタット銀行破綻によって各国通貨の決済市場間の時差に伴うリスク（いわゆるヘルシュタット・リスク）が顕現化し、国際金融市場が混乱したことに対処したものでした。

　その後も、1982年7月にイタリアのアンブロシアーノ銀行がユーロ・カレンシー市場でデフォルトを起こして経営破綻した結果、銀行監督の国際的な協力体制に隙間があることが明らかになると、これに対処する

はしがき

ため、75年12月にバーゼル銀行監督委員会によって採択された「バーゼル・コンコルダット」を改訂する形で、83年5月、「銀行の海外拠点の監督に関する原則」が公表されました。そして、91年7月、BCCI（Bank of Credit and Commerce International）が経営破綻して世界各国に損失が波及する事態が生じると、これに対処して「国際的に活動する銀行グループの監督基準」が公表されました。

　また、1995年3月、ベアリングスがシンガポール支店においてデリバティブ取引により多額の損失を計上し、経営破綻の事態が生じたのを受けて、バーゼル銀行監督委員会は「デリバティブおよびトレーディングに関して監督上必要とする情報を収集する際の枠組み」を公表しています。そして、バーゼル銀行監督委員会が国際的に活動する銀行にマーケット・リスクに対する自己資本の賦課を検討している最中の同年9月、大和銀行がニューヨーク支店において証券トレーディングにより巨額の損失を計上し、米国からの撤退を余儀なくされるという事態も生じています。

　さらに、2008年9月のリーマン・ショック以降、各国銀行の経営悪化が深刻な問題となったことを受けて、国際的に活動する銀行の自己資本の質と水準を両面から強化するため、バーゼルⅢが公表されるに至っています。

　このようにバーゼル銀行監督委員会を通じて継続されている金融システムを安定させるための国際協力は、1974年12月のバーゼル銀行監督委員会の創設から現在に至るまで、常に金融機関経営の健全性を確保するために行われていますが、それと同時に金融機関相互間の公平な競争条件を整備するためにも行われています。

　しかしながら、金融機関経営の健全性確保と金融機関相互間の公平な競争条件整備という2つの目的は必ずしも両立させることが容易ではないことから、バーゼル銀行監督委員会が採用したのが、いわゆるバーゼル・

プロセスと呼ばれる独自の意思決定過程です。

　バーゼル・プロセスは、本書において詳細に論じますように、「銀行監督に関するベスト・プラクティスを反映した事実上の国際基準の策定過程」と定義づけることができますが、バーゼル・プロセスは、私自身の勤務経験を振り返っても、多数決ではなく、議論を尽くして、実現可能な最も合理的な優れた結論を導く形で行われていました。また、コーヒー・ブレイクやランチ・タイムを含む会合の場だけではなく、会合の後に催されるディナーの場をはさんで深夜までも、率直な意見交換が繰り広げられていたことが強く印象に残っています。

　国際決済銀行の果たす役割について考えると、金融機関経営の健全性を確保する目的のためには、ベスト・プラクティスの形で意見集約するという意味で、1930年の創設以降担ってきた意見交換・情報共有を通じて、中央銀行間の国際協力を促進する（to promote the co-operation of central banks）という伝統的な役割が必要でした。それに加えて、金融機関相互間の公平な競争条件を整備するというもう1つの目的を同時に達成するためには、政策協調を通じて国際協力を支援するという新たな役割が必要になったと解されます。

　こうしたバーゼル銀行監督委員会を通じた金融システム安定のための国際協力は、各国の金融制度、会計制度、徴税制度などが相違する状況の下で行われます。そのため、金融機関経営の健全性を確保することを目指してベスト・プラクティス・ペーパーを作成する形で行われる意見集約の段階では、伝統的な形態の国際協力と位置づけられる意見交換・情報共有にとどめ、各国間の主張について共通点と相違点を整理し、相違点に関しては明記しないか、あるいは併記するといったように、対立を回避する調整が行われてきました。そして、金融機関相互間の公平な競争条件の整備を図ることが金融機関経営の健全性を確保することと並んで重要になると、

はしがき

　バーゼル銀行監督委員会を通じた金融システム安定のための国際協力は、ベスト・プラクティスを反映した事実上の国際基準を策定するため、意見交換・情報共有に政策協調という新たな形態の国際協力を加える形で二重構造を構築していくことになりました。

　従って、本書は、バーゼル銀行監督委員会を通じた金融システム安定のための国際協力を意見交換・情報共有と政策協調から構成される二重構造として捉え、その二重構造を実現したバーゼル・プロセスという意思決定過程を研究対象として、その意思決定過程においてバーゼル銀行監督委員会メンバー各国が自国の主張を反映させるためにどのように行動し、それに対して他国はどのように反応したのかについても、資料に基づいて実証的に研究しました。

　こうした研究成果をまとめて本書を執筆するうえでは、多くの方々にお世話になりましたが、矢後和彦先生のご指導なくしては、研究の緒に就くことさえも叶わなかったと言っても過言ではありません。そして、国際決済銀行アーカイブのP・クレメント博士、E・アトキンソン氏、M・O・ヴァイス女史には、アーカイブの文書を利用するうえで親切にサポートをしてくださいましたことに感謝の気持ちを表したいと思っています。

　また、出版を引き受けてくださいました蒼天社出版の上野教信社長には、原稿段階から出版に至るすべての段階で温かく支えてくださったことに、改めて感謝いたします。

　最後になりますが、本書を亡き父母・渡部訓忠、悦子の霊に捧げます。

2012年7月

渡部　訓

目　次

序　章　1

　　第1節　問題意識　2
　　第2節　先行研究の動向　5
　　第3節　本書の位置づけ　7
　　第4節　本書の構成　8

第1章　バーゼル銀行監督委員会を通じた国際協力　11

　　第1節　国際協力の二重構造　12
　　第2節　バーゼル・プロセスの特徴　15
　　第3節　主導権発揮をめぐる動き　20

第2章　バーゼル銀行監督委員会の創設　25

　　第1節　国際的な金融システム不安　26
　　第2節　G10中央銀行総裁会議の対応　28
　　第3節　バーゼル銀行監督委員会のポジション　33
　　第4節　国際決済銀行との関係　37

目 次

第3章 「バーゼル・コンコルダット」の採択 45

第1節 ヘルシュタット銀行の経営破綻 48
第2節 イスラエル・ブリティッシュ銀行の経営破綻 52
第3節 「バーゼル・コンコルダット」の概要 55
第4節 検討過程における主要論点 58
第5節 残された課題 61

第4章 「バーゼル・コンコルダット」採択後の活動 67

第1節 バーゼル銀行監督委員会議長の交代 68
第2節 国際銀行監督者会議の開催 71
第3節 オフショア・センターとの協力関係 72
第4節 バーゼル銀行監督委員会の主要な成果 74

第5章 「バーゼル・コンコルダット」の改訂 77

第1節 アンブロシアーノ銀行の経営破綻 79
第2節 イタリア監督当局の対応 82
第3節 ルクセンブルグ監督当局の対応 84
第4節 「バーゼル・コンコルダット」の限界 86
第5節 バーゼル銀行監督委員会の対応 88
第6節 改訂をめぐる主要な論点 91
第7節 改訂内容の特徴 93
第8節 改訂内容の評価 96

第 6 章　銀行の自己資本に関する合意　99

　　第 1 節　1970 年代の検討　101

　　第 2 節　EC の統一規則の策定作業　106

　　第 3 節　英米による主導権発揮　108

　　第 4 節　日本による受け入れ　113

　　第 5 節　合意形成における各国の利害調整　118

第 7 章　バーゼル銀行監督委員会を通じた国際協力の変容　125

　　第 1 節　政策協調手段の追加　127

　　第 2 節　政策協調参加国の拡大　130

　　第 3 節　変容のインプリケーション　132

資　料　164

序　章

第1節　問題意識

　1970年代は、各国の国際収支不均衡がいっそう拡大し、国際通貨基金を中心とする公的なチャネルを通じた資金供与にとどまらず、市場メカニズムを通じて国際的な資金過不足を調整する必要性も増した。このため、60年代に米ソ対立や金融規制などを背景に米国からドル資金が逃避することにともなって発展したユーロ・カレンシー市場は、国際的な資金過不足を調整するチャネルとして急速に規模を拡大した。また、70年代は、国際通貨制度において、金・ドル本位の固定為替相場制が崩壊し、主要国通貨間の外国為替取引は変動為替相場制に移行した。

　こうしてユーロ・カレンシー市場が取引規模を拡大し、取引態様も変化していく過程で、ユーロ・カレンシー市場の資金取引に参加する金融機関は、運用調達における満期構成のミスマッチを抱え、金融機関相互間に複雑な取引関係を構築した。また、ユーロ・カレンシー市場全体として、資金取引にともなう信用リスク、流動性リスクとともに、外国為替取引にともなう価格変動リスクも急速に増大していった。このため、ユーロ・カレンシー市場の資金取引に参加する個別の金融機関が抱える信用リスク、流動性リスク、価格変動リスクなどが顕在化した場合、それが個別の金融機関の経営問題にとどまらず、ユーロ・カレンシー市場全体の混乱に波及していくことが、国際決済銀行で開催される各国中央銀行間の議論において懸念されていた。

　そうした状況の下で、ヘルシュタット銀行が経営破綻し、その後も米国のフランクリン・ナショナル銀行の経営破綻をはじめ国際的な業務を行う金融機関の経営に不安を抱かさせるような出来事が続き、ユーロ・カレンシー市場をはじめとする国際的な金融システムが混乱する事態を招来した。

この結果、各国中央銀行にとって、金融システム安定を図るためには、金融市場全体の安定にとどまらず、個別金融機関の経営安定を確保することが重要であるとの認識が強まり、G10中央銀行総裁会議でバーゼル銀行監督委員会を創設することが決定されることに至った。

バーゼル銀行監督委員会の創設は、金融機関の国際的な業務の拡大にともない、金融システム安定を図るためには、国内的な規制監督の課題として各国が独自に対応するだけでなく、国際的な規制監督の課題として各国が協力して対応していくことが重要であるという認識がG10中央銀行の間で共有されたことに基づくものであり、金融システム安定のための国際協力の嚆矢となる画期的なことであった。

バーゼル銀行監督委員会を通じた金融システム安定のための国際協力は、銀行監督および外国為替管理に関するG10中央銀行の専門スタッフによる定期的な意見交換・情報共有の機会を設けるという目的意識でスタートした。これは、1930年の国際決済銀行創設以来行われてきた伝統的な中央銀行間の意見交換・情報共有を通じた国際協力の慣行を継承したものであり、その最初の成果として、75年12月の「バーゼル・コンコルダット」の採択があげられる。

さらに、バーゼル銀行監督委員会を通じた金融システム安定のための国際協力は、1987年12月の銀行の自己資本に関する合意成立を契機に、G10中央銀行総裁会議をガバナンス主体とすることにおいては伝統的な中央銀行間の協力の慣行を継承しつつも、意見交換・情報共有に加え、政策協調という新たな国際協力に踏み出したと解される。

こうした政策協調と位置づけられる新たな国際協力の推進にともない、バーゼル銀行監督委員会を通じた金融システム安定のための国際協力は、意見交換・情報共有と政策協調の二重構造を構築する形で展開し、バーゼル銀行監督委員会が銀行監督の分野において意見交換・情報共有の場を提

供することに加え、事実上の国際基準を策定して政策協調を推進する場としても、金融システム安定のための国際協力において主導的な役割を果たすに至っている。

また、この間、国際決済銀行も、意見交換・情報共有の場を提供して中央銀行間の協力を促進するという伝統的な機能に加え、中央銀行に銀行監督当局を加えた国際的な政策協調を支援する事務局という新たな機能も担いながら、二重構造に対応することになった。

ここで本書の取り上げる主要な論点を示しておくと、バーゼル銀行監督委員会を通じた金融システム安定のための国際協力は、その成果の重要性はもとより、他の国際協力にはみられない重要な特徴を有しており、これを対象に分析する。重要な特徴としては、意見交換・情報共有と政策協調の二重構造を構築したほか、①政府間の国際協力ではなく、中央銀行間の協力の一環としてG10中央銀行総裁会議傘下の専門スタッフで構成する常設委員会という位置づけから出発した。その後、中央銀行以外の銀行監督当局が参加していたが、この位置づけが長く続いたこと、②ベスト・プラクティスを反映して作成した文書は、事実上の国際基準とすることが期待されながらも、報告書、原則、基準といった様々な名称が付けられ、文書作成に参加した当事国に対しても法的ないしは政治的な拘束力を有するものでないこと、③政策協調の場合、ベスト・プラクティスを反映した文書の公表を通じて、文書作成に参加した当事国だけでなく、参加しなかった非当事国に対しても合意内容を採用することを促していること、④国際決済銀行という中央銀行間協力を促進する国際機関が事務局としてバーゼル銀行監督委員会の活動を支援していることが指摘できる。

こうした重要な特徴を有している国際協力がどのようにして進展したのかを解明するという問題意識に基づき、本書では、国際決済銀行アーカイブ（Bank for International Settlements Archive）所蔵文書やバーゼル

銀行監督委員会が作成した各種文書のほか、イングランド銀行アーカイブ（Bank of England Archive）所蔵の文書などの資料を利用して、①背景となる国際金融の状況、②各国の中央銀行および銀行監督当局の達成すべき政策目標、③各国の中央銀行および銀行監督当局による主導権発揮をめぐる動き、④国際決済銀行が果たした機能と役割を実証的に解明していくこととする。

第2節　先行研究の動向

　金融システム安定のための国際協力に関する先行研究については、①国際政治経済学の立場から、バーゼル銀行監督委員会における意思決定の枠組みを研究しているもの、②国際決済銀行史の観点から、国際決済銀行が果たした機能と役割を研究しているもの、③国際的な銀行監督の発展史の観点から、バーゼル銀行監督委員会の合意内容を実施していく際の各国中央銀行および銀行監督当局の政策対応を中心に研究しているもの、④一次資料を使った実証に基づいて、バーゼル銀行監督委員会における意思決定に関する分析として研究しているものに大別される。

　このうち、第一に、国際政治経済学の立場からバーゼル銀行監督委員会における意思決定の枠組みを研究しているものとしては、E・B・カプスタイン（Ethan B. Kapstein）[1]、D・ウッド（Duncan Wood）[2] が挙げられる。研究方法として、カプスタイン、ウッドとも、バーゼル銀行監督委員会および国際決済銀行が作成した二次資料を利用している点では共通しているが、カプスタインは、二次資料に加えて、バーゼル銀行監督委員会の初代議長を務めたイングランド銀行のG・ブランデン（George Blunden）をはじめとしたバーゼル銀行監督委員会関係者にインタビューを行っている。ウッドは、二次資料に加えて、バーゼル銀行監督委員会

が国際銀行監督者会議参加者のために事前に作成した報告書（Report on International Developments in Banking Supervision）も利用している。

　第二に、国際決済銀行史の観点から国際決済銀行が果たした機能と役割を研究しているものとしては、W・R・ホワイト（William R. White）[3]、D・S・ビエーリ（David S. Bieri）[4]、C・E・V・ボリオ／G・トニオロ（Claudio E. V. Borio and Gianni Toniolo）[5]、吉國眞一[6]、トニオロ[7]、P・クレメント（Piet Clement）[8]が挙げられる。このうち、ホワイト、ビエーリ、ボリオ、吉國は、研究方法として、バーゼル銀行監督委員会および国際決済銀行が作成した二次資料を利用している点ではカプスタイン、ウッドと共通しているが、二次資料に加えて、国際決済銀行のスタッフとしての経験から得た知見に基づき、バーゼル銀行監督委員会の活動および国際決済銀行による支援の実態を明らかにしている。

　これに対し、トニオロ、クレメントは、アカデミックな観点から、国際決済銀行アーカイブ所蔵の一次資料も利用している点がホワイト、ビエーリ、ボリオ、吉國に比べると研究手法として異なるが、研究対象がバーゼル銀行監督委員会創設をめぐる動きに限定されている。

　第三に、国際的な銀行監督の発展史の観点から、バーゼル銀行監督委員会の合意内容を実施していく際の各国銀行監督当局の政策対応を中心に研究しているものとしては、J・C・ベーカー（James C. Baker）[9]、氷見野良三[10]、佐藤隆文[11]が挙げられる。ベーカー、氷見野、佐藤とも、バーゼル銀行監督委員会および国際決済銀行が作成した二次資料を利用している点では研究方法が共通しているが、氷見野、佐藤は、二次資料に加えて、銀行監督当局のスタッフとしての経験から得た知見に基づき、銀行監督当局の政策対応の実態を明らかにしている。

　こうした上記の先行研究は、カプスタイン、ウッドの場合は制度面の分析について、トニオロ、ホワイト、ビエーリ、ボリオ、吉國、ベーカー、

氷見野、佐藤の場合は実務面のインプリケーションについて、それぞれ詳細に研究しているが、トニオロ、クレメントを除くと、資料実証に基づいてバーゼル銀行監督委員会の発展過程を分析する観点には乏しい。ただ、トニオロ、クレメントは、資料実証に基づく研究方法を採用しているが、バーゼル銀行監督委員会の創設以降の発展過程に関する研究成果はみられない。

　第四に、一次資料を使った実証に基づいて、バーゼル銀行監督委員会における意思決定に関する分析として研究しているものとしては、矢後和彦[12]、C・グッドハート（Charles Goodhart）[13]が挙げられる。矢後は、国際金融システムにおける国際決済銀行の発展の歴史の一環として、バーゼル銀行監督委員会を通じた金融システム安定のための国際協力に関しても研究成果をまとめており、トニオロ、クレメントと並ぶ画期的な実証研究と位置づけられる。ただ、矢後の研究対象はバーゼル銀行監督委員会の創設直後の時期に限られている。これに対し、グッドハートは、バーゼル銀行監督委員会の活動を研究対象に絞り、バーゼル銀行監督委員会からの支援も得て、バーゼル銀行監督委員会の創設をめぐる動きからバーゼルⅡの議論開始（1997年）に至るまでの期間にわたり、バーゼル銀行監督委員会の主要な成果について詳細に論じており、グッドハート個人の研究成果にとどまらず、いわばバーゼル銀行監督委員会に関する公式な歴史記録に準じるもの（a quasi-official historical record）と位置づけられており[14]、今後の研究にとって貴重な資料を提供している。

第3節　本書の位置づけ

　本書は、こうした先行研究のうち矢後とグッドハートが行っている研究と同様に資料実証に基づく研究方法を採用している。しかしながら、矢後

のように国際決済銀行の発展の歴史全般を対象とするのではなく、バーゼル銀行監督委員会を通じた金融システム安定のための国際協力に焦点を絞って、その創設にとどまらず、その後の発展過程についても詳細に論じた。

また、グッドハートがバーゼル銀行監督委員会の活動および成果に関する史実を列挙して詳細に解説することに力点を置いているのに対し、本書は、バーゼル銀行監督委員会の特徴である意思決定過程の枠組みを定型化し、その枠組みに基づいてバーゼル銀行監督委員会を通じた国際協力の発展過程について分析することに力点を置いた。

資料実証に際しては、まず1979年までの期間は30年が経過し、利用可能となっている国際決済銀行アーカイブ所蔵文書およびイングランド銀行アーカイブ所蔵文書という一次資料を利用した。次いで、80年以降の期間については、バーゼル銀行監督委員会が作成・公表した文書という二次資料に加え、①国際銀行監督者会議のためにバーゼル銀行監督委員会が用意した報告書、②国際銀行監督者会議主催国が事後に作成した国際銀行監督者会議議事録（Proceedings of the International Conference of Banking Supervisors、③バーゼル銀行監督委員会メンバーによる発言記録（国際決済銀行公表資料、各国中央銀行公表資料）なども利用した。

第4節　本書の構成

まず、第1章では、バーゼル銀行監督委員会を通じた金融システム安定のための国際協力の発展が、具体的にどのような特徴を有しているのかを分析した。その結果に基づき、バーゼル銀行監督委員会を通じた国際協力が、意見交換・情報共有に加え、政策協調をも通じて、国際的な金融システム安定のために多くの成果をもたらすうえで推進力となった意思決定過程の枠組みを定型化した。

序　章

　次いで、第2章から第6章では、バーゼル銀行監督委員会を通じた国際協力のうち主要な成果を対象に資料を活用しながら、第1章で定型化した国際協力の二重構造の下における国際協力の発展過程について実証した。

　具体的な実証対象として、第2章ではバーゼル銀行監督委員会の創設、第3章では「バーゼル・コンコルダット」の採択、第4章では「バーゼル・コンコルダット」採択後の活動、第5章では「バーゼル・コンコルダット」の改訂、第6章では銀行の自己資本に関する合意を取り上げた。

　そして、第7章では、銀行の自己資本に関する合意成立に際して意見交換・情報共有という伝統的な国際協力に政策協調という新しい国際協力が加わって以降、バーゼル銀行監督委員会を通じた金融システム安定のための国際協力が、現在までどのように進展しているのかを概観し、今後の展望についても論じた。

　また、巻末には、国際決済銀行アーカイブ所蔵文書のうち、本書執筆時点で利用が可能であったバーゼル銀行監督委員会議事録の内容に基づいて、1970年代を通じてバーゼル銀行監督委員会が取り上げた議題を整理し、付属資料Ⅰとして掲載した。これらの議題を概観すると、88年に合意をみた自己資本比率規制をはじめとする銀行監督をめぐる様々な重要課題については、70年代当時からバーゼル銀行監督委員会において問題意識を持って議論されていたことが明らかとなろう。

第1章

バーゼル銀行監督委員会を通じた国際協力

第1節　国際協力の二重構造

　まず、1974年12月のバーゼル銀行監督委員会創設から87年12月の銀行の自己資本に関する合意成立までの期間は、バーゼル銀行監督委員会を通じた金融システム安定のための国際協力が、G10中央銀行総裁会議をレポーティング・ラインとする銀行監督に関する専門家による意見交換・情報共有という伝統的な中央銀行間協力の一環として位置づけられ、国際決済銀行も中央銀行間の協力を促進するという伝統的な機能を担った。

　次いで、1987年12月の銀行の自己資本に関する合意は、形式上G10中央銀行総裁会議をガバナンス主体とする点はそれ以前と変わらないが、銀行監督に関する政策立案者による政策協調として位置づけられる。このことから、銀行の自己資本に関する合意成立以降、バーゼル銀行監督委員会を通じた金融システム安定のための国際協力は、意見交換・情報共有という伝統的な中央銀行間の協力に加え、中央銀行を含む銀行監督当局間の政策協調という新たな形態の国際協力を担うことになった。また、国際決済銀行も中央銀行間の協力を促進するという伝統的な役割に加え、中央銀行を含む銀行監督当局間の政策協調を支援する事務局という新たな機能を担うことになった。

　こうした政策協調と位置づけられる新たな国際協力の推進にともない、バーゼル銀行監督委員会を通じた金融システム安定のための国際協力は、意見交換・情報共有と政策協調の二重構造を構築する形で展開した。また、国際決済銀行の機能もそうした二重構造に対応することになったが、それは国際決済銀行が1930年の創設以来促進してきた中央銀行間の協力とは性格の異なる新たな形態の国際協力を支援することになったという意味で、国際決済銀行にとっても画期的な機能拡大につながった。

第 1 章　バーゼル銀行監督委員会を通じた国際協力

　国際決済銀行が創設以来促進してきた中央銀行間の協力とは、第 5 回年次報告書（1934 年 4 月 1 日–35 年 3 月 31 日）の中でも、「どのように協調するのかと言えば、協調した行動（harmonious action）を目指すのではなく、相互理解（mutual understanding）を確かなものにするという目的のために、会議と滞在を繰り返し、情報交換（exchange of information）を継続し、共通のテーマに関して協議（common consultation）し、共同で議論（joint discussion）することである。」[15] と述べられているように、意見交換・情報共有に限定されていたことは明らかである。

　ところで、国際協力に関する形態に関しては、主なものとして、H・C・ウォーリック（Henry C. Wallich）[16]、R・N・クーパー（Richard N. Cooper）[17]、R・D・パットナム／R・C・ヘニング（Robert D. Putnam and Randall C. Henning）[18] による分類があるが、いずれも主権国家が利害関係を多国間で調整するための国際協力に関する形態を分類するものであり、国際通貨基金（International Monetary Fund）、国際復興開発銀行（International Bank for Reconstruction and Development）、経済協力開発機構（Organization for Economic Cooperation and Development）などの国際機関における政府間の国際協力については適合するが、国際決済銀行における中央銀行間の伝統的な協力を基本とするバーゼル銀行監督委員会を通じた金融システム安定のための国際協力には適合しない。

　例えば、ウォーリックは、バーゼル銀行監督委員会を含めた国際決済銀行における国際協力について、経済分野における国際機関を通じた協力（international cooperation through international institutions）の 1 つとして取り上げているが、「G10 諸国にその他のヨーロッパの中小国も加わった中央銀行間の国際協力であり、国際通貨基金、経済協力開発機構などにおける国際協力に比べると、参加国数が限られ、結び付きも緩やかで

ある(more loosely attached)」[19]と指摘するに止まっており、国際協力の形態としては、国際通貨基金や経済協力開発機構などと区別していない。

また、クーパーも、2008年の論文の中で1989年に設定した6つの形態を一部修正する形で、①情報交換(to exchange information)、②概念の標準化と情報ギャップの穴埋め(to standardize concepts and fill gaps in information)、③世界経済の見通しと中央銀行の政策目標に関する意見交換(to exchange views on how the world works and on objectives of central bank policy)、④経済の先行き見通しに関する情報の共有(to share information on the economic outlook)、⑤規制を含む概念の標準化(to standardize concepts and even regulation)、⑥共通の合意に基づく行動(commonly agreed actions)という6つの形態を設けて、国際決済銀行の創設以来の中央銀行間の協力について、「6つの形態の国際協力が過去75年の歴史の中で全て見出される」[20]と指摘するにとどまっており、意見交換・情報共有と政策協調が併存する二重構造の特徴を分析するには至っていない。なお、パットナム／ヘニングは、G7サミットを頂点とする政府間の利害調整を基本とする形態分類であるため、国際決済銀行という場を通じた中央銀行間の意見交換・情報共有という伝統的な協力を基本とするバーゼル銀行監督委員会を通じた国際協力を対象とする分析には適さない。

このように意見交換・情報共有と政策協調の二重構造で構築された国際協力は、ウォーリック、クーパー、パットナム／ヘニングによる国際協力の形態のいずれでも説明できないものであり、本書では、意見交換・情報共有と政策協調の二重構造という形態を新たに定型化して実証する際の分析ツールとする。

この間、国際決済銀行に参加する中央銀行は、こうした二重構造を受け入れた後も、意見交換・情報共有という伝統的な中央銀行間だけの協力

も継続的に推進するため、ユーロ・カレンシー市場常設委員会（Euro-Currency Standing Committee）を継続するほか、支払い・決済システム委員会（Committee on Payment and Settlement Systems）などを創設している。

第2節　バーゼル・プロセスの特徴

　バーゼル銀行監督委員会を通じた金融システム安定のための国際協力は、国際決済銀行における伝統的な中央銀行間の協力である意見交換・情報共有からスタートした。その後、銀行の自己資本に関する合意形成においては政策協調という新しい国際協力の形態を実現し、意見交換・情報共有と政策協調の二重構造の下で両方の協力形態を使い分けながら、金融システム安定のための国際協力の分野で多くの成果を上げている。しかしながら伝統的な意見交換・情報共有に加えて、こうした政策協調という新たな形態の国際協力を実現した推進力として、バーゼル銀行監督委員会における意思決定過程の特徴を指摘できる。

　バーゼル銀行監督委員会における意思決定過程の特徴を考える前提としては、政策協調という国際協力の形態に着目すると、①拘束力ある規則の制定（rule-making）、②裁量的な共同行動（discretionary joint action）ではなく、③ベスト・プラクティスを反映した基準策定（standard-setting）に分類することができる。

　拘束力ある規則の制定は、政府間の条約の締結のほか、国際通貨基金や国際復興開発銀行の増資、機能拡充などにおいてみられる国際協力の形態であり、合意に参加した当事国が立法などの国内的な措置を講じて合意内容を履行する義務を負うという意味において法的な拘束力を有する。

　また、裁量的な共同行動は、サミットやG10財務大臣・中央銀行総裁

会議における経済政策に関する合意などにみられる国際協力の形態であり、合意に参加した当事国は合意内容に沿う形で協調的な政策を実施することにコミットしており、その意味では政治的な拘束力を有する。

これに対し、ベスト・プラクティスを反映したに基準策定は、バーゼル銀行監督委員会のほか、国際標準化機構（International Organization for Standardization）による産業技術に関する国際基準の策定、国際会計基準評議会（International Accounting Standards Board）による会計基準の国際的な統一化においても、共通してみられる国際協力の形態である。また、拘束力ある規則の制定および裁量的な共同行動と異なり、合意する主体が政府ではなく、合意した内容には法的ないし政治的な拘束力を有しない。しかしながらベスト・プラクティスを反映した内容であることから、合意した内容を採用しない国は、ベスト・プラクティスを採用できず、その意味では実務面で質的に劣位にあると見なされることになる。

こうした特徴を有するバーゼル銀行監督委員会における政策協調について、ホワイト、ビエーリ、ボリオ、吉國、C・フリーランド（Charles Freeland）らの国際決済銀行関係者は、その事務局機能を担っている国際決済銀行が、1930年の設立当初から中央銀行間協力を促進する国際機関として慣行としてきたものを、バーゼル銀行監督委員会が継承したと位置づけたうえで、それを推進した意思決定過程をバーゼル・プロセスと呼んでいる。

そこで、彼らのバーゼル・プロセスについての説明を概観すると、ホワイトは次のように定義づけている。

「推奨すべき行動に関して結論を得ることを目指して、共通の関心事項となる国際的な問題について議論する各国当局関係者のグループが関与するもの」[21]

第 1 章　バーゼル銀行監督委員会を通じた国際協力

ビエーリは、次のように定義づけている。

「バーゼルをベースとして国際決済銀行が事務局機能を提供する複数の委員会とその作業部会の相互作用であり、規制監督の手続きおよび基準に関して協調する世界的な枠組み」[22]

吉國は、次のように説明している。

「中央銀行と規制当局がグローバルな基準を策定するうえで、中心的な役割を果たしている。また、高度に洗練された分析に裏づけられた率直な意見交換が可能なフォーラムにおいて、規制監督に関する問題を適切に管理する方策を見つけるための機会を国際金融の世界にもたらしている」[23]

フリーランドは、次のように詳細に説明している。

「バーゼル銀行監督委員会は、公式の権限のようなものを有しているわけではないが、各国当局がそれぞれ自国の国内システムに最も適するように細目にわたる内容を立法措置など所要の手続きを経て実施することを期待して、幅広く監督に関する基準やベスト・プラクティス・ペーパーを作成したり、ベスト・プラクティスを示した報告書を薦めたりしている。そして、バーゼル銀行監督委員会は、メンバー各国の細目にわたる監督手法に関する統一化を図ることなく、共通のアプローチおよび基準に収斂していくことを促している。このように、バーゼル銀行監督委員会は公式の超国家的な監督権限を有しているわけではなく、バーゼル銀行監督委員会が下す結論には法的な拘束力はない。その結果、バー

ゼル銀行監督委員会の作成した文書には批准のような手順もない。
　（中略）
　従って、バーゼル・プロセスは、条約締結や立法のようなプロセスと異なり、銀行業務に関するベスト・プラクティスを各国が国内的に採用していくことに関するコミットメントである。それだけに、バーゼル・プロセスの場合、バーゼル銀行監督委員会の提案する内容が、信頼を得て、有効に機能していくためには、実行可能な青写真でなければならない。実際に、これまでバーゼル銀行監督委員会が達成してきた主要な成果が幅広く世界中の国に受け入れられている事実を踏まえると、バーゼル銀行監督委員会が実行可能な政策ガイドラインを作成できてきたことを示している」[24]

　従って、国際決済銀行関係者によってバーゼル・プロセスと呼ばれるバーゼル銀行監督委員会の意思決定過程については、ベスト・プラクティスに基づく基準策定を目的とする意思決定過程と解すことができる。しかしながら、国際標準化機構や国際会計基準評議会に比べると、バーゼル銀行監督委員会の場合、基準策定に参加するメンバーシップがオープンではなくG10のような特定の国々に限られるインフォーマルなグループであり、その基準策定手続き、決議要件もインフォーマルなものであることから、本論文では、バーゼル・プロセスについては、正式な国際基準（international standards）ではなく、「銀行監督に関するベスト・プラクティスを反映した事実上の国際基準（de facto standards）の策定過程」と定義づけることにする。
　また、ホワイト、ビエーリ、ボリオ、吉國らの国際決済銀行関係者は、バーゼル・プロセスについて、中央銀行間協力を促進する国際機関として、国際決済銀行が1930年の設立当初来慣行としてきた意思決定過程をバーゼ

第 1 章　バーゼル銀行監督委員会を通じた国際協力

ル銀行監督委員会が継承したものと位置づけている。そのうえでこうしたバーゼル・プロセスの特徴を、国際決済銀行が設立当初から中央銀行間協力を促進する国際機関として慣行としてきた意思決定過程の連続面として強調している。

　しかしながら、バーゼル・プロセスは、銀行監督に関するベスト・プラクティスを反映した事実上の国際基準の策定を通じた政策協調を推進するうえで採用される意思決定過程であり、前節で述べたように、国際決済銀行が創設以来促進してきた中央銀行間の意見交換・情報共有という国際協力だけに当てはまるものではない。従って、連続面はあくまで意見交換・情報共有という伝統的な国際協力に当てはまるものであり、政策協調という新しい国際協力を推進してきた意思決定過程であるバーゼル・プロセスにおいては非連続面が存在することを指摘しなければならない。

　政策協調のための意思決定過程であるバーゼル・プロセスにおける非連続面としては、①意思決定に参加するメンバーシップの面で、中央銀行だけでなく、中央銀行以外の銀行監督当局も参加していること[25]、②意思決定の対象が、通貨の安定およびマクロ・プルーデンス（金融市場の安定を通じた金融システム安定）という伝統的な目標ではなく、ミクロ・プルーデンス（個別金融機関経営の安定を通じた金融システム安定）という新たな目標であること[26]、③意思決定に参加した当事国だけでなく、意思決定に参加しなかった非当事国においても合意内容が適用されることを企図していること、④合意内容を非公開とするのでなく、合意内容を公開することで意思決定に参加しなかった非当事国にも周知するアプローチを新たに採用していること[27]が重要である。

第3節　主導権発揮をめぐる動き

　本書では、ベスト・プラクティスを反映した事実上の国際基準策定を推進したバーゼル・プロセスについても、バーゼル銀行監督委員会メンバー各国による主導権発揮をめぐる動きを資料に基づき実証する。

　意見交換・情報共有、政策協調とも、バーゼル銀行監督委員会が各国における金融機関の健全経営を確保するためのベスト・プラクティス・ペーパーを作成する段階までは共通である。しかしながら、意見交換・情報共有の場合、伝統的な国際協力としてベスト・プラクティス・ペーパーの内容を情報共有にとどめるのに対し、政策協調の場合、各国における金融機関の健全経営の確保に加え、各国間における金融機関の競争条件の平準化を図るため、ベスト・プラクティス・ペーパーの内容を、各国が共通に採用する事実上の国際基準にすることになる。

　そして各国は、意見交換・情報共有、政策協調のいずれに際しても、ベスト・プラクティス・ペーパーを作成する過程では、国内における金融機関の健全経営を確保する観点から、自国が国内で採用している銀行監督手法をベスト・プラクティス・ペーパーに反映するよう主張することになる。一方、政策協調に際しては、各国間における金融機関の競争条件の平準化を図る観点から、ベスト・プラクティス・ペーパーを事実上の国際基準にする段階で、自国の金融機関の利益を反映させるための調整が行われることになる。自国の金融機関の利益を反映するうえでは、①事実上の国際基準策定に先行するベスト・プラクティス・ペーパーの段階からドラフト作成を引き受けること、②事実上の国際基準のドラフトを検討する会議の議長ポストを得て、議事進行に影響力を行使すること、③事実上の国際基準のドラフトを検討する会議の席上および前後する機会をとらえて、意

第1章　バーゼル銀行監督委員会を通じた国際協力

見を効果的に表明し、事実上の国際基準のドラフト内容に自国の金融機関の利益を反映させること、などを通じて主導権を発揮することが重要になる。このため、本書では、バーゼル銀行監督委員会を通じた国際協力の二重構造を構成する意見交換・情報共有、政策協調のいずれに関しても、その意思決定過程における主導権発揮をめぐる動きにも注目する。

　バーゼル銀行監督委員会で行われる意思決定過程における主導権発揮をめぐる動きについては、①カプスタイン、ウッドのように覇権論に基づいて、覇権行使として説明する見解、②ホワイト、ビエーリ、ボリオ、吉國のように中央銀行間協力を推進する国際決済銀行の機能論に基づいて、意思決定過程そのものはいわば「ブラック・ボックス」として、意思決定の成果を説明する見解、③トニオロ、クレメントのように、ハード・ロー（hard law）と対比したソフト・ロー（soft law）という概念に基づいて、ハード・ローとは異なる意思決定過程における手続きを解明する見解、④ベーカー、氷見野、佐藤のように、国益調整論に基づいて、各国が自国の金融機関の利益のために裁量の余地を獲得する過程として説明する見解、がある。

　本書では、意見交換・情報共有、政策協調のいずれも整合的に説明するため、優れた銀行監督手法をベスト・プラクティスとして提案できる国が主導権を発揮できることを実証する。また、優れた銀行監督手法をベスト・プラクティスとして提案できる国には、リスク管理に関する技術面で国際的に優位性を有する先進的な金融機関が存在して、そうした先進的な金融機関がその国の監督当局を支援していることも指摘できる。

　バーゼル銀行監督委員会におけるメンバー各国による主導権発揮をめぐる動きを具体的にみると、意見交換・情報共有の場合、「バーゼル・コンコルダット」の採択に際し、イングランド銀行が示した主導権発揮にみられるように、銀行監督技術の面で優位性のある国が、受入監督当局として意見交換・情報共有を通じて、母国監督当局からの情報提供を求めていた

ことが指摘できる。これに対して政策協調の場合、銀行の自己資本に関する合意形成に際しては、米国連邦準備制度が示した主導権発揮にみられるように、自国の金融機関が競争条件のうえで不利益を被ることのないよう、政策協調を通じ、自国の銀行監督政策を事実上の国際基準とするため、働きかけたことが指摘できる。このように意見交換・情報共有、政策協調のいずれの場合においても、主導権を発揮できる前提として、銀行監督技術の面でベスト・プラクティスを主張できる優位性を備えた国が、二国間交渉ではなく多国間交渉のチャネルとしてバーゼル銀行監督委員会を積極的に利用していることになる。

　さらに、政策協調の場合、銀行の自己資本に関する合意形成において行われたように、G10諸国内部で自国の金融機関の利益を代弁する形で利害調整が行われたが、G10諸国内部の調整が終わると、その後、G10諸国以外の国々に対し、バーゼル銀行監督委員会で採択したベスト・プラクティスを反映した事実上の国際基準を採用するように求める。その局面では、G10諸国がそれ以外の国々にバーゼル銀行監督委員会の作成した文書を作成のつど送付するほか、①国際決済銀行が毎年開催する年次総会の席上、バーゼル銀行監督委員会の成果を年次報告書の内容とともに紹介する、②バーゼル銀行監督委員会が毎年開催する銀行監督者セミナーの席上、バーゼル銀行監督委員会で採択したベスト・プラクティスを反映した事実上の国際基準をバーゼル銀行監督委員会事務局スタッフがレクチャーの形で詳細に解説する、③バーゼル銀行監督委員会がホスト国と共催で2年に1回開催する国際銀行監督者会議の席上、バーゼル銀行監督委員会で採択したベスト・プラクティスを反映した事実上の国際基準をテーマとして取り上げる、といった働きがけが行われることになる。

　そうしたG10諸国とG10諸国以外の国々の間で行われた調整のうち最も調整が困難であったのが、銀行の自己資本に関する合意形成において経

第 1 章　バーゼル銀行監督委員会を通じた国際協力

済協力開発機構の加盟諸国と非加盟諸国との間にリスク・ウェイトの差を設けることであった。最終的には、バーゼル銀行監督委員会を構成するG10諸国は、G10諸国以外の国々のうち経済協力開発機構非加盟諸国の反対を押し切る形で、リスク・ウェイトの差を設ける内容を銀行の所要自己資本比率算定における事実上の国際基準とするに至った。このようにバーゼル銀行監督委員会がベスト・プラクティスを反映した事実上の国際基準策定を通じた政策協調の形態で国際協力を推進する際、G10諸国相互間だけではなく、G10諸国以外の国々との間でも競争条件の平準化を図る必要性がある。このことから、常にG10諸国以外の国々に対しても、ベスト・プラクティスを反映した事実上の国際基準を採用するよう協力を要請したが、協力が得られない場合でも、銀行の自己資本に関する合意形成当時、G10諸国は、金融市場の取引規模および取引技術、金融機関の資産規模およびリスク管理能力、銀行監督当局の監督能力などの面で圧倒的な優位性を有していることを背景に、G10諸国以外の国々に対しても、G10諸国として合意した政策協調の内容を受け入れさせることができたのであった。

　その後も、バーゼル銀行監督委員会は、意見交換・情報共有ではなく、ベスト・プラクティスを反映した事実上の国際基準策定を通じた政策協調の形態で国際協力を推進する場合には、競争条件の平準化というG10諸国の必要性を充足するため、G10諸国の優位性を発揮していくことになった。

第 2 章

バーゼル銀行監督委員会の創設

国際金融は、1970年代に入ると、国際通貨制度の面では、ブレトンウッズ体制が崩壊し、主要国通貨間において固定為替相場制から変動相場制に移行することによって質的に大きく変化した。また、国際的な資金取引の面では、各国の国際収支の不均衡が拡大する過程で、国際通貨基金などの公的チャネルを通じた資金融通とは別に、金融機関が信用仲介する形で民間チャネルを通じた資金融通も活発化したことにともない、60年代に発展したユーロ・カレンシー市場の規模が一段と拡大した。

　この結果、各国の金融機関は、貸借対照表の規模を大幅に拡大し、つれて信用リスク、流動性リスク、外国為替変動リスクを増大させたが、それに見合った形で自己資本を積み増さなかったため、過度なリスク・テイキングを重ねていったことになる。

　こうした中で、西ドイツのヘルシュタット銀行（Bankhaus Herstatt）や米国のフランクリン・ナショナル銀行（Franklin National Bank）の経営破綻を契機に国際的な金融不安が高まり、ユーロ・カレンシー市場をはじめとする国際的な金融システムの混乱につながったため、G10中央銀行総裁会議は1974年12月バーゼル銀行監督委員会を創設[28]することを決定した。

第1節　国際的な金融システム不安

　1974年6月、西ドイツのヘルシュタット銀行は、ルクセンブルグに設立した現地法人が行った外国為替取引[29]に失敗して多額の損失を出し、経営再建が困難と判断された。その結果、業務停止と清算を命じられ、同行は経営破綻した。この時点では、ヘルシュタット銀行は、フランクフルト市場ではドイツ・マルクを受け取っていたが、時差の関係から、ニューヨーク市場では米ドルを支払っていなかった。そのため、ヘルシュタット

第 2 章　バーゼル銀行監督委員会の創設

銀行の経営破綻にともないドイツ・マルク支払いの対価となる米ドルを受け取れずに損失を被った取引相手銀行が多数存在し、その影響がドイツ国外にも波及した。また、同行の経営破綻にともなう決済リスクの顕現化が原因となって、ユーロ・カレンシー市場において、取引に内在する脆弱性への懸念が広がり、取引が混乱した[30]。

　外国為替取引では、外国為替相場の変動にともなう価格変動リスクに加え、国境を越えた複数市場間における複数通貨決済となるため、時差に基づく決済リスクをともなう。しかし、ヘルシュタット銀行が経営破綻した当時は、外国為替取引にともなう決済リスクは十分に認識されておらず、銀行および銀行監督当局の両者はともに、外国為替取引にともなう決済リスクを十分に管理していなかったのである。

　ヘルシュタット銀行の経営破綻をめぐっては、外国為替取引に特有の時差にともない、ニューヨーク市場における米ドル決済が終了していない時点で、ドイツの銀行監督当局およびブンデスバンクがヘルシュタット銀行の業務停止と清算を命じた。その結果、米国の銀行を中心にニューヨーク市場ではドイツ・マルク支払いの対価として米ドルを受け取れない事態が生じたため、損失を被った銀行からドイツの銀行監督当局およびブンデスバンクに対し、業務停止と清算を命じたタイミングについて批判が相次いだ。例えば、損失を被った銀行の 1 つであるアメリカ銀行（Bank of America）の A・W・クローセン頭取（A. W. Clausen）（当時）は、「銀行の窓口で 100 ドル札を 20 ドル札 5 枚に両替して欲しいと依頼して 100 ドル札を渡したら、その直後に銀行の窓口に電話がかかってきて、20 ドル札 5 枚を受け取れないまま、銀行の窓口が閉じられたようなものだ」と、ドイツの銀行監督当局およびブンデスバンクによる業務停止と清算の命令の仕方を批判した[31]。

　また、ヘルシュタット銀行の経営破綻以降も、1974 年 10 月に米国の

フランクリン・ナショナル銀行が外国為替取引における投機の失敗などから経営破綻したほか、経営破綻には至らなかったものの、ドイツのランデスバンク（Landesbank）やスイスのスイス・ユニオン銀行（Union Bank of Switzerland）が外国為替取引において多額の損失を計上したことが明らかになったため、国際的に金融システム不安が高まった[32]。このため、国際決済銀行で毎月開催されているG10中央銀行総裁会議[33]では、ヘルシュタット銀行やフランクリン・ナショナル銀行の経営破綻を契機とした国際的な金融システム不安を反映したユーロ・カレンシー市場の混乱が拡大しないように国際的に協力することが検討されることになったのである[34]。

第2節　G10中央銀行総裁会議の対応

　ヘルシュタット銀行が経営破綻した1974年当時は、主要国通貨が変動相場制に移行し、外国為替相場の安定が各国通貨当局にとって共通の課題であった。また、ユーロ・カレンシー市場における資金取引が拡大し、市場メカニズムを通じて国際的な資金過不足が調整される場としてユーロ・カレンシー市場の重要性が増していたが、ユーロ・カレンシー市場については、前述したように、市場に参加する金融機関の短期調達・長期運用という満期構成のミスマッチに加え、金融機関相互の資金取引の複雑さから、個別の金融機関が抱える流動性リスクおよび信用リスクが顕現化した場合、それが個別の金融機関の経営問題にとどまらず、ユーロ・カレンシー市場全体の機能麻痺ないしは機能低下に波及していくことが、各国通貨当局間の議論の場を通じても懸念されていた。

　そうした状況の下で、ヘルシュタット銀行が外国為替取引における損失により経営破綻、その影響が国際的に波及し、国際的な金融システム不安

第 2 章　バーゼル銀行監督委員会の創設

を通じてユーロ・カレンシー市場の混乱につながった。そのことから各国通貨当局にとって、変動相場制の下で金融機関が外国為替取引において過大なポジションをとることを放置すべきではない、との認識が強まった[35]。そうした認識を踏まえて、G10 中央銀行総裁会議は、1974 年 9 月、次のような内容を盛り込んだコミュニケを発表した[36]。

（1）　国際的な市場で業務を行う銀行の活動に関する情報交換を中央銀行間で強化する。
（2）　適切と判断される場合、外国為替取引のポジションを管理する規制を強化する。
（3）　ユーロ・カレンシー市場における「最後の貸し手の問題（the problem of the lender of last resort）」に関連して、一時的な流動性供与に関する詳細なルールと手続きを予め決めておくことは実際的ではないが、その目的のための手段は利用可能であり、必要な時に利用できる態勢にある。

　こうした問題意識を踏まえて、G10 中央銀行総裁会議は、1974 年 12 月には、外国為替取引の規制管理の分野と銀行監督の分野のそれぞれ専門家で構成する常設の委員会、バーゼル銀行監督委員会を創設することを決めた。
　G10 中央銀行総裁会議は、バーゼル銀行監督委員会の開催場所を国際決済銀行とすると同時に、バーゼル銀行監督委員会の活動を支援する事務局機能を国際決済銀行スタッフに担わせることを決定した。こうして、国際決済銀行は、バーゼル銀行監督委員会の創設以降、通貨価値・外国為替相場の安定の分野における国際極力の促進という伝統的な役割に加え、金融システム安定の分野における国際極力の促進という新たな役割を初めて

担うことになった。

　しかしながら、トニオロによると、国際決済銀行が中央銀行間の協力を通じて金融システム安定の分野において国際協力を促進する試みは、バーゼル銀行監督委員会の創設が初めてではなく、1960年代半ばにも、当時国際決済銀行で定期的な会合を開催する主要国中央銀行の間で構想として検討されたことがある[37]。

　それは、1960年代に入りユーロ・カレンシー市場の規模が拡大し、それにともないユーロ・カレンシー市場の信用リスクや流動性リスクが増大した事態を鑑み、主要国中央銀行総裁の議論において、「ユーロ・カレンシー市場における非居住者向け短期信用供与に関する個別データを一元的に収集して、国際決済銀行をそのデータを管理する国際的なリスク・オフィスにする」という構想が持ち上がったことである。そして、65年初から、G10諸国のうち日本とカナダを除く主要国中央銀行の専門家と国際決済銀行スタッフによって検討が重ねられた試みである[38]。

　しかしながら、中央銀行の専門家と国際決済銀行スタッフによる検討過程で、①すでに非居住者向け短期信用供与に関する個別データを一元的に収集管理する国内のリスク・オフィスを設置済みないしは設置予定の国々では、国内のリスク・オフィスが収集管理する個別データを国際機関に提供することには、法律面、運営面とも困難があること、②国内のリスク・オフィスを設置していない国々では、法律面で守秘義務があり、運営面で個別データ収集自体が困難であることなどの事情が判明した。このため、1965年5月、中央銀行の専門家と国際決済銀行スタッフは、検討の結果、個別データを一元的に収集して、そのデータを管理する国際的なリスク・オフィスを設置する構想については当面棚上げとし、その代替案として、非居住者向け短期信用供与に関するデータを、個別データではなく、自国通貨建てと外国通貨建ての集計データの形で国際決済銀行に報告する

第 2 章　バーゼル銀行監督委員会の創設

よう、G10 諸国のうち、日本とカナダを除く主要国中央銀行総裁会議に提案した経緯がある[39]。

　その後、G10 中央銀行総裁会議は、国際的な資金過不足が市場メカニズムを通じて調整される場として、ユーロ・カレンシー市場のモニタリングを続け、1971 年 4 月には G10 中央銀行の専門家から構成される常設の委員会「ユーロ・カレンシー市場常設委員会」を設置するとともに、ユーロ・カレンシー市場に関する統計整備に取り組んだ。また、ユーロ・カレンシー市場常設委員会の開催場所を国際決済銀行とし、ユーロ・カレンシー市場常設委員会の活動を支援する事務局機能を国際決済銀行スタッフに担わせることとしたほか、各国からのユーロ・カレンシー市場取引に関するデータ報告の受付と統計整備の業務とを国際決済銀行に担わせたことから、ユーロ・カレンシー市場のモニタリングにおける国際決済銀行の役割の重要性がいっそう高まった[40]。

　ユーロ・カレンシー市場常設委員会が創設された 1971 年当時は、米国をはじめとする主要国が、政府ベースではユーロ・カレンシー市場の発展に警戒的な対応をとることがあったのに対し、G10 中央銀行総裁会議を定期的に開催する中央銀行ベースではユーロ・カレンシー市場常設委員会などを利用したモニタリングを通じて、ユーロ・カレンシー市場の発展を容認する立場をほぼ一貫して維持した。

　従って、こうしたユーロ・カレンシー市場常設委員会などを利用してユーロ・カレンシー市場をモニタリングし、ユーロ・カレンシー市場の発展を容認するという G10 中央銀行総裁会議の対応の積み重ねがあったゆえに、ヘルシュタット銀行の経営破綻などを契機としてユーロ・カレンシー市場が混乱し、それにともない国際的な金融システムに不安が広がった事態において、そうした事態を解消しなければならないという問題意識が G10 中央銀行総裁会議に生まれ、バーゼル銀行監督委員会の創設につ

ながったと位置づけられる。

そうした G10 中央銀行総裁会議の問題意識について、バーゼル銀行監督委員会の初代議長を務めたイングランド銀行のブランデンは、「G10 中央銀行総裁会議は、ユーロ・カレンシー市場における自国の銀行の業務を支援するために、各国中央銀行が自国の銀行に対して最後の貸し手機能 (the lender of last-resort facilities) を果たすことに合意したうえで、各国の銀行監督当局と中央銀行の代表者で構成する委員会を 1974 年に創設した」と述べている[41]。

この間の経緯を振り返ってみると、1960 年代において国際決済銀行にリスク・オフィスを設けて国際的に一元的にリスクを管理する構想が実現せず、その代わりにユーロ・カレンシー市場常設委員会による情報収集にとどめたことは、意見交換・情報共有を通じて中央銀行間の協力を推進するという国際決済銀行における伝統的な国際協力の限界を示したものであると指摘できる。

また、G10 中央銀行総裁会議の対応については、1970 年代において、①G10 財務大臣・中央銀行総裁会議、②経済協力開発機構経済政策委員会第3作業部会(以下、「経済協力開発機構 WP3」と略す)、③国際決済銀行で開催される G10 中央銀行総裁会議、という3つの非公式なネットワークが国際通貨システムを動かしていた[42]ことを前提に検討することも重要な意味をもっている。

1970 年代において、G10 財務大臣・中央銀行総裁会議と経済協力開発機構 WP3 と G10 中央銀行総裁会議は、62 年に構築された国際通貨基金の「一般借入協定 (General Agreements to Borrow)」と国際決済銀行の「多角的サーベイランス」の枠組みの中で国際通貨問題を協議するためにそれぞれの役割を果たした。それぞれの役割については、①G10 財務大臣・中央銀行総裁会議は、主として、国際通貨システムの機能と制度的な枠組

第 2 章　バーゼル銀行監督委員会の創設

みに関する問題を検討する、②経済協力開発機構 WP3 は、各国の国際収支状況とその調整過程の問題に関わるような基本的な要因と危機的な状況をもたらすような要因について分析する、③ G10 中央銀行総裁会議は、金・外国為替市場における動向を調査し、必要に応じて短期的な信用を供与する、という役割分担がなされていた[43]ことを考慮すると、G10 中央銀行総裁会議がユーロ・カレンシー市場の混乱を収拾するために金融システム安定の回復に取り組んだことは、G10 財務大臣・中央銀行総裁会議、経済協力開発機構 WP3、G10 中央銀行総裁会議という 3 つの非公式なネットワークの間の役割分担としても位置づけられる。

第 3 節　バーゼル銀行監督委員会のポジション

　1974 年 12 月開催の G10 中央銀行総裁会議は、外国為替取引の規制管理分野、銀行監督分野のそれぞれ専門家で構成する常設の委員会としてバーゼル銀行監督委員会を設置することを決定した。バーゼル銀行監督委員会の初代議長にはイングランド銀行のブランデンが任命された。これを受けて 75 年 1 月、ブランデン議長は、G10 諸国[44]にスイスとルクセンブルグを加えた 12 カ国[45]の中央銀行宛てにテレックスを送り、75 年 2 月開催の第 1 回会合を招集した。

　第 1 回会合の召集に先立って、ブランデン議長は、12 カ国の中央銀行宛てのテレックスの中で、G10 中央銀行総裁会議から委託されたバーゼル銀行監督委員会の役割について、次のように説明した。

　「G10 中央銀行総裁は、国際決済銀行で開催した 1974 年 12 月の会議で、国際決済銀行が準備した各国の規制監督の現状に関する総括レポートを踏まえて、銀行の支払い能力と流動性を確かなものにするという

問題について議論した。議論の結果、G10 中央銀行総裁は、今後とも、この分野における作業を続け、将来の議論に備えるために、銀行監督と外国為替取引に関する専門家で構成する新しい委員会を設置することを決定した。新しく設置される委員会は、国際決済銀行が準備した各国の規制監督の現状に関する総括レポートを出発点として、早期警戒システム構築の必要性に特別の関心を払っていくこととする。また、G10 中央銀行総裁は、そうした観点から、規制と同じ程度、銀行監督の質の問題が重要であるとの考えも表明した」[46]

そして、バーゼル銀行監督委員会の具体的な作業として、ブランデン議長は、①各国の規制監督の現状に関する情報交換、②銀行の外国為替ポジションの監督に関する各国の実情を踏まえた意見交換、③国際的な早期警戒システム構築の検討の3点を掲げた[47]。

また、バーゼル銀行監督委員会の創設については、G10 中央銀行総裁会議は、1974 年 12 月開催の会合時点ではまだ対外発表を行っていなかった。そこで、バーゼル銀行監督委員会第 1 回会合が開催されたタイミングをとらえ、会合の開催場所となり、事務局機能をも担うことになった国際決済銀行が、以下のような対外発表を行ったのである。

「国際決済銀行は、G10 諸国およびスイスの中央銀行総裁が銀行業務と外国為替取引の規制監督の分野の専門家から構成される常設委員会を創設したことを確認した。当委員会は、イングランド銀行のブランデン氏が初代議長を務め、各国の金融当局および監督当局の代表者が参加することになる。

当委員会は、G10 諸国およびスイスの中央銀行総裁が監視と情報交換を続けるうえで、それを支援することが任務とされている。」[48]

第 2 章　バーゼル銀行監督委員会の創設

　第 1 回会合に出席したメンバーは、中央銀行以外の機関が銀行監督を行っている国についても、召集されたのは G10 中央銀行のスタッフに限られたため、①ベルギー国立銀行（Banque Nationale de Belgique）、②カナダ銀行（Bank of Canada）、③フランス銀行（Banque de France）、④ドイツ・ブンデスバンク（Deutsche Bundesbank）、⑤イタリア銀行（Banca d'Italia）、⑥日本銀行、⑦オランダ銀行（De Nederlandsche Bank N.V.）、⑧スウェーデン・リクス銀行（Sveriges Riksbank）、⑨スイス国立銀行（Swiss National Bank）、⑩イングランド銀行（Bank of England）、⑪米国連邦準備制度理事会（Board of Governors of the Federal Reserve System）の 11 カ国中央銀行と、それに当時中央銀行の存在しなかったルクセンブルグの銀行統制委員会（Commissaire au Contrôle des Banques）[49]であった（英語表記の国名をアルファベット順にリストアップ）。

　第 1 回会合における検討作業のためにバーゼル銀行監督委員会事務局（国際決済銀行スタッフ）によって調査された結果[50]によると、表 1 のとおり、12 カ国のうちイタリア、日本、オランダ、スウェーデン、英国、米国の 6 カ国では中央銀行が銀行監督を行っていたのに対し、ベルギー、カナダ、フランス、ドイツ、スイスの 5 カ国および中央銀行存在しなかったルクセンブルグでは中央銀行以外の機関が銀行監督を行っていた。

　なお、ルクセンブルグは、G10 財務大臣・中央銀行総裁会議および G10 中央銀行総裁会議のメンバー国ではなかったが、各国の銀行が税制面の優遇措置などの理由からルクセンブルグに国外子会社を設立する形態で進出して、国際的な取引をルクセンブルグ所在の国外子会社に経理計上することが頻繁に行われていたので、ルクセンブルグ銀行統制委員会をバーゼル銀行監督委員会のメンバーに加えることで、ルクセンブルグに進出した銀行の活動が銀行監督を免れることを防ぐことを企図したものと解

される。

　表1のとおり、ベルギー、カナダ、フランス、ドイツ、スイスの5カ国は、中央銀行が直接銀行監督を行っていなかったにもかかわらず、中央銀行のスタッフしか出席しなかった。しかしながら、第1回会合の冒頭で、ブランデン議長が「当委員会では、メンバー各国の監督手法を統一するというような遠大な試みに取り組むことを意図している訳ではない。ある特定の監督手法を各国共通のものとして採用するよう総裁会議に勧めることもあり得ようが、各国が監督の分野でお互いの経験を学び合うことを意図して

表1　バーゼル銀行監督委員会創設当時における各国の銀行監督機関調査結果

国名	監督機関
ベルギー	銀行委員会、ベルギー・ルクセンブルグ為替協会
カナダ	検査長官事務所
フランス	銀行統制委員会
ドイツ	連邦銀行監督事務所
イタリア	イタリア銀行
日本	日本銀行、大蔵省
ルクセンブルグ	銀行統制委員会、ベルギー・ルクセンブルグ為替協会
オランダ	オランダ銀行
スウェーデン	国立検査機関、リクス銀行
スイス	連邦銀行委員会
英国	イングランド銀行
米国	連邦準備制度理事会、通貨監査長官事務所、連邦預金保険公社

出所：バーゼル銀行監督委員会事務局の調査結果に基づき著者作成。

いる。また、他国の監督手法に関して疑問や批判があれば、それを率直に表明することも意図している。そして、当委員会としては、対外的または国際的な市場に影響を及ぼすような問題に集中して取り組む」[51]と表明したことからも、バーゼル銀行監督委員会の創設当初の役割が、監督分野の問題のうち国際的な影響を有する市場の問題に関して意見交換・情報共有を行う機会の提供であったことを考えると、創設当初の段階では、銀行監督機関が出席しなくても、バーゼル銀行監督委員会の活動に支障はなかったと解される。

このように中央銀行スタッフが監督分野の問題のうち国際的な影響を有する市場の問題に関して意見交換・情報共有を行うことは、金・外国為替市場やユーロ・カレンシー市場といった国際的な市場の動向をモニタリングしてきたG10中央銀行総裁会議の枠組みが維持されてきたことを考慮すると、中央銀行が、国際的な市場の安定を維持するという問題意識に基づいて、金融システムの分野でも推進すべき国際協力として位置づけられたと解される。

また、バーゼル銀行監督委員会の創設当時、各国の銀行監督機関が国際協力を推進するための国際的な組織などの制度的な枠組みが存在しなかったことから、各国の中央銀行スタッフが監督分野の問題のうち国際的な影響を有する市場の問題に関して、国際決済銀行に集まって、意見交換・情報共有を行うことについては、他の国際的な組織からも牽制されなかったと解される。

第4節　国際決済銀行との関係

前述のように、バーゼル銀行監督委員会がG10中央銀行総裁会議によって傘下の専門家委員会として創設された経緯を考えると、バーゼル銀行監

督委員会の事務局機能を国際決済銀行が担ったのは、1960年代からG10財務大臣・中央銀行総裁会議の事務局機能を国際決済銀行が担っていたことの延長線上に位置づけられる帰結であった。

そこで、バーゼル銀行監督委員会が創設された当時に存在した他の国際金融機関（国際通貨基金、国際復興開発銀行）と対比する中で、国際金融機関の1つとして、国際決済銀行がユーロ・カレンシー市場についてどのような立場をとっていたのかを考え、バーゼル銀行監督委員会と国際決済銀行の関係を整理してみる。

まず、バーゼル銀行監督委員会が創設された当時、国際通貨基金は、国際通貨制度の管理運営を担う国際金融機関として、国際通貨基金加盟国の外国為替取引の管理や規制に関する監視を行っており、外貨の流動性不足に陥った国際通貨基金加盟国に対し、短期的に外貨の流動性供給するという役割を担っていた。それは国際通貨基金加盟国に対する政府ベースの外貨準備のサポートであり、国際通貨基金としては、ユーロ・カレンシー市場をはじめとする国際的な金融市場を通じるルートとは異なる政府ベースの資金調達ルートを有しており、ユーロ・カレンシー市場をはじめとする国際的な金融市場の動向や国際的な金融市場で業務を行う個別の金融機関の経営状態については、国際決済銀行のように常時モニタリングする態勢にはなかった。

また、バーゼル銀行監督委員会が創設された当時、国際復興開発銀行は、民間ベースでは貸し手がいないような中長期的な大規模開発プロジェクトに政府ベースで資金を供給する一方、ユーロ・カレンシー市場をはじめとする国際的な金融市場で債券を発行し、資金を調達していた。このことから、同行は自行の資金調達のため、ユーロ・カレンシー市場をはじめとする国際的な金融市場の動向をモニタリングしていたものの、国際通貨基金と同様、国際的な金融市場で業務を行う個別の金融機関の経営状態につい

ては、モニタリングする態勢にはなかったといえよう。

　これに対して国際決済銀行は、各国中央銀行による国際協力をサポートするため、ユーロ・カレンシー市場に関する統計整備をはじめユーロ・カレンシー市場の動向を調査していたほか、国際決済銀行自体も、各国中央銀行から委託された資金運用業務やスワップ業務を通じて、ユーロ・カレンシー市場に参加していた。このため、ユーロ・カレンシー市場全体の動向にとどまらず、市場参加者である個別の金融機関の経営状態も、市場全体の安定性確保、取引相手に関するリスク管理の観点から、常時モニタリングする態勢にあった。また、国際決済銀行に資本参加している各国中央銀行も、ユーロ・カレンシー市場における国際的な資金決済が、自国通貨の決済を通じて各国の国内決済システムにリンクしているため、ユーロ・カレンシー市場全体の動向とともに、自国通貨の決済システムに参加している個別の金融機関の経営状態を常時モニタリングしていたという事情も反映していた。

　こうした国際決済銀行の立場を理解するうえでは、国際決済銀行総支配人R・ラール（René Larre）が、1974年6月28日にベルンで開催された在スイス外国銀行協会会合において行ったスピーチと、75年6月12日にアムステルダムで開催された国際金融会議において行ったスピーチが注目される。

　まず、ラールが1974年6月28日にベルンで開催された在スイス外国銀行協会会合において行ったスピーチは、ヘルシュタット銀行の経営破綻（74年6月26日）の直後のタイミングで行われたものであるが、ラールはユーロ・カレンシー市場に内在する危険を認識しつつ、ユーロ・カレンシー市場の発展を容認する国際決済銀行の立場について、スピーチの結論として次のように表明している。

「ユーロ・カレンシー市場の発展は、ユーロ・カレンシー市場自体の重要性とともに、ユーロ・カレンシー市場に対する各国通貨当局の責任も、併せて増大させている。ユーロ・カレンシー市場は、どこにも存在するようで、どこにも存在しないような市場であるから、各国の管轄権限を明確に区分することは容易ではない。しかしながら、解決すべき問題は存在するので、各国中央銀行は自国内で行われる外国為替取引に対し、十分な関心を払い、場合によっては、これまで自国通貨の取引に維持してきた規範を適用すべきである。

それに関連して、数カ月前から続いている〔ユーロ・カレンシー市場における〕不安は、金融機関にとって、流動性問題を改善するために、満期構成を見直す機会をもたらしている。それと同時に、金融界は、つい最近まで強く反対してきたが、これからは中央銀行によるユーロ・カレンシー市場取引に対する介入についても、受け入れるべきであり、むしろ歓迎すべきである。

危険は現在も残存しており、これからもいつかどこかで生じるかも知れない出来事を過小評価すべきではない。しかしながら、危機が長引くということは、各国当局が調整を行う際には、むしろ欠点を補うメリットとも見なされる。ただ、その調整は、市場自体の真剣な支援と誠実な協力なしでは達成しえない。」[52]

また、ラールは、ヘルシュタット銀行の経営破綻から1年が経過した1975年6月12日、アムステルダムで開催された国際金融会議においてスピーチを行った。前述したようにヘルシュタット銀行の経営破綻以降も、フランクリン・ナショナル銀行が外国為替取引における投機の失敗などから経営破綻（74年10月）したのをはじめ、経営破綻には至らなかったものの、ドイツのランデスバンクやスイスのスイス・ユニオン銀行が外

第2章　バーゼル銀行監督委員会の創設

国為替取引において多額の損失を計上するといった出来事が続いて起こり、ユーロ・カレンシー市場に不安が続いていた。ラールのスピーチはこのことを踏まえて行われたものである。それだけに、中央銀行が外国為替取引に対する監督を強化することによってユーロ・カレンシー市場に向けられた批判に応えつつ、ユーロ・カレンシー市場の発展を容認する国際決済銀行の立場を、次のようにいっそう明確に表明している。

「ユーロ・カレンシー市場の将来を考えるうえで脅威の1つは、各国政府のユーロ・カレンシー市場に対する批判的な姿勢である。米国およびヨーロッパでは、常にユーロ・カレンシー市場を擁護する意見と批判する意見の間で論争が見られる。ユーロ・カレンシー市場を擁護する意見は、公的な借り手および民間の借り手が享受している経済的な利点を指摘している。これに対し、ユーロ・カレンシー市場を批判する意見は、『ユーロ・カレンシー市場はコントロールが不在ないしは不適切であり、各国の金融引締め政策を逃れる形でインフレ体質を備えている』と危険を強調している。

こうした批判は、以前から西ヨーロッパ諸国や西ヨーロッパ諸国が創設した国際機関からなされてきたが、最近では、国際通貨基金や米国連邦準備制度からも同じような批判がなされている。

（中略）

しかしながら、ユーロ・カレンシー市場は、広く知られているように、有用な目的に貢献している。また、制度的な取り決め、投入される資源、運用ルールなどを変えながらも、ユーロ・カレンシー市場は、引き続き発展していくであろう。

今後については、発展を続けるにせよ、過去数年見られたような急速な拡大にはならないと考えられる。ただ、こうした私の見解は、L・K・

オブライエン（Leslie K. O'Brien）卿〔イングランド銀行総裁〕の見解に比べると少し悲観的かも知れない。」[53]

こうしたユーロ・カレンシー市場の発展を容認する国際決済銀行の立場に加え、表2に整理したように、1960年代以降G10中央銀行総裁会議をサポートするために創設された各国中央銀行スタッフによる情報や意見の交換を目的とする多くの会議・委員会において、国際決済銀行が事務局を引き受けてきた実績の積み重ねが、バーゼル銀行監督委員会の創設に際しても、国際決済銀行スタッフに事務局機能を担わせる決め手になったのである。

特に、G10財務大臣・中央銀行総裁会議の事務局機能を担うなかで実績を積み上げたことが、国際決済銀行スタッフへの評価を高めたのである。このため、G10各国の中央銀行にとどまらず、G10各国の政府からも、国際決済銀行に対して、①ユーロ・カレンシー市場をはじめとする国際的な金融市場に関し実務面に詳しい専門家を国際決済銀行が備えている、②G10財務大臣・中央銀行総裁会議と経済協力開発機構WP3と国際決済銀行で開催されるG10中央総裁会議という3つの非公式なネットワークが連携する中で、国際決済銀行が3つの非公式なネットワークをつなぐリエゾンとしての役割を果たし得る、との信頼が寄せられたことも、国際決済銀行によるバーゼル銀行監督委員会事務局の引き受けにつながったと解される。

国際決済銀行は、バーゼル銀行監督委員会事務局を引き受けると、国際決済銀行の金融経済局（Monetary and Economic Department）のスタッフ2名[54]をバーゼル銀行監督委員会事務局スタッフに任命した。2名のスタッフは、ブランデン議長を補佐して、①会合に先立って事前に議題を作成し、バーゼル銀行監督委員会メンバーから議題に関する了解を取り付

第 2 章　バーゼル銀行監督委員会の創設

表 2　国際決済銀行が 1960–70 年代に事務局機能を引き受けた会議・委員会

名称	創設時期（年）	概要
金・外国為替専門家委員会	1962	金価格の安定のために形成した「金プール」[55] に参加した中央銀行グループを起源に発足。その後外国為替市場に関する中央銀行専門家による意見交換に発展。
G10 財務大臣・中央銀行総裁会議	63	一般借入協定[56] に参加した 10 カ国にスイスを加えたグループを起源に発足。その後国際通貨制度に関する財務大臣・中央銀行総裁による意見交換に発展。
G10 中央銀行総裁会議	64	G10 財務大臣・中央銀行総裁会議と連携した、国際通貨情勢に関する中央銀行総裁による意見交換。
EEC 中央銀行総裁会議	64	金融政策に関する EEC 中央銀行総裁による意見交換。
コンピュータ専門家委員会	68	コンピュータ・セキュリティに関する中央銀行専門家による情報と意見の交換。
ユーロ・カレンシー市場常設委員会	71	ユーロ・カレンシー市場と銀行の国際業務に関する統計整備を踏まえた、中央銀行専門家によるマクロ金融経済情勢とプルーデンス問題の分析。
バーゼル銀行監督委員会	74	銀行監督と外国為替市場に関する専門家による情報と意見の交換。
国際決済銀行理事会と東欧中央銀行総裁の合同会議	76	国際経済金融情勢に関する中央銀行総裁による意見交換。
中央銀行政策責任者会議	78	金融政策を立案し遂行する中央銀行役員クラスによる情報と意見の交換。

出所：国際決済銀行公表資料（創設 75 周年記念パンフレットなど）に基づき著者作成。

ける、②バーゼル銀行監督委員会メンバーから事前に各国の銀行監督と外国為替市場に関する情報を収集し、収集した情報を取りまとめた結果を会合開催前に配布する、③会合終了後は、議事録を作成するとともに、議論の結果合意した内容をドラフトの形でまとめて、次回会合に先立ってバーゼル銀行監督委員会メンバーに配布し、コメントを求める、④次回会合までにコメントを反映した修正ドラフトを作成して、次回会合に提出する、という4つの機能を果たすことになった[57]。

また、国際決済銀行は、国際決済銀行の総合事務局（General Secretariat）を通して、会議室や同時通訳[58]の確保をはじめ、バーゼル銀行監督委員会の会合に出席するメンバーのためのホテルやフライトの予約・変更などバーゼル銀行監督委員会の会合に必要な各種ファシリティを提供した。

さらに、国際決済銀行は、バーゼル銀行監督委員会の事務局機能を国際決済銀行自体の業務から独立させるため、組織管理上は金融経済局に属するバーゼル銀行監督委員会事務局スタッフのレポーティング・ラインを金融経済局長ではなく、バーゼル銀行監督委員会議長とした。

第 3 章

「バーゼル・コンコルダット」の採択

バーゼル銀行監督委員会は、1975年2月に第1回会合を開催して、多国間の情報交換を前提とする国際的な早期警戒システム（early warning systems）を構築することを最優先課題として取り組んだ。その後、同年4月の第2回会合、同年6月の第3回会合で議論を重ねる中で二国間の意見交換・情報共有を前提とするベスト・プラクティス・ペーパー作りに議論が推移した。同年9月の第4回会合では二国間の意見交換・情報共有を前提とする銀行監督の責任分担を明確にするためのベスト・プラクティス・ペーパーとして「バーゼル・コンコルダット」の案を作成し、同委員会はこれをG10中央銀行総裁会議に提出した。

　これを受けて、G10中央銀行総裁会議は、1975年10、11月の2回にわたる会合における議論を経て、同年12月の会合で「バーゼル・コンコルダット」を支持することとなった。バーゼル銀行監督委員会は、G10中央銀行総裁会議から、支持を受けると同時に要請を受け、G10諸国以外の世界各国の中央銀行総裁にもブランデン議長名で「バーゼル・コンコルダット」を送付したのである[59]。

　ここで、この間のバーゼル銀行監督委員会における議論をみていくこととする。当初は、イングランド銀行の主導権の下で、各国中央銀行が国際決済銀行という場に集まり、会議の席上、公式、非公式な形で意見交換・情報共有を行う伝統的な中央銀行間協力の延長線上で参加するという相互理解のもとで、バーゼル銀行監督委員会は創設されたのである。それにもかかわらず、ブランデン議長は、多国間協力の枠組みの中で、国際的な早期警戒システムを構築する課題に取り組んだ。これに対して反対論と消極論が強く示されたが、最終的には、二国間協力の枠組みの中で、意見交換・情報共有を促進するという結論に決着した。しかし、こうした議論の推移をみると、当時バーゼル銀行監督委員会において主導権を発揮していたイングランド銀行にとって、英国が他のG10各国の間で望んでいた銀行監

第 3 章 「バーゼル・コンコルダット」の採択

督に関する意見交換・情報共有のための二国間協力を二国間個別協議の場ではなく、バーゼル銀行監督委員会という多国間一括協議の場において、いわば各国銀行監督当局間の協力を促すという内容のベスト・プラクティス・ペーパーを作成する形で実現させたという意味では、所期の目的を達成したと解される。

　また、ヘルシュタット銀行の経営破綻は、外国為替取引におけるリスク管理に失敗した、という個別金融機関の経営に関わるミクロ・プルーデンスの問題であった。同時に、ヘルシュタット銀行の経営破綻にともなうユーロ・カレンシー市場の混乱は、金融市場の運営に関わるマクロ・プルーデンスの問題でもあった。また、外国為替取引における時差にともなう通貨間の決済リスク[60]が顕現化したものであったことから、自国通貨の決済において最後の貸し手機能を担う中央銀行にとっては、ミクロ・プルーデンスの問題よりもマクロ・プルーデンスの問題の方がいっそう重要であった。しかも、ヘルシュタット銀行の経営破綻当時、個別金融機関経営に関わるミクロ・プルーデンスの問題は国内の銀行監督の問題であるとの認識が支配的であり、G10 諸国の中には中央銀行が監督権限を持たない国が存在した。それにもかかわらず、バーゼル銀行監督委員会が G10 中央銀行総裁会議のガバナンスの下で銀行監督というミクロ・プルーデンスの問題に取り組んだ背景としては、主導権を発揮したイングランド銀行が、当時世界最大のユーロ・カレンシー市場を抱える中央銀行として、最後の貸し手機能だけでなく監督権限も併せて持っており、ミクロ・プルーデンス[61]の問題とマクロ・プルーデンスの問題をいずれも重要視していたという事情があったことを挙げられる。

第1節　ヘルシュタット銀行の経営破綻

　ヘルシュタット銀行の経営破綻に関しては、経営破綻の原因から導かれるインプリケーションとして、①銀行の支払い能力と流動性の維持に関する各国の実効的な銀行監督が重要であることが再認識されたこと、②銀行の外国為替取引の実態を調査し、外国為替取引に関する各国の規制監督の現状について相互に理解することが必要であると認識されたことが挙げられる。また、ヘルシュタット銀行の経営破綻の影響から導かれるインプリケーションとして、③ユーロ・カレンシー市場をはじめ国境を越えた資金取引など国際的な業務を営む銀行の経営破綻の影響が国際的に波及する事態を踏まえて、国際協力を推進することが望まれたことが挙げられる。

　第一に、銀行の支払い能力と流動性の維持に関する各国の実効的な銀行監督の重要性に関する再認識については、1973年末から74年夏にかけて、①金利の急上昇にともなう収益悪化とそれに起因する経営不安に端を発する資金流出、②外国為替相場の急激な変動にともなう為替差損の発生、③銀行の不正な資金操作や経理により隠蔽していた経営実態の露見から、ヘルシュタット銀行の経営破綻にとどまらず[62]、フランクリン・ナショナル銀行の経営破綻[63]をはじめ、各国で銀行の経営破綻や経営悪化が相次いだことを踏まえたものであり、75年2月の第1回会合から各国における銀行の規制監督に関する現状報告（existing supervisory regulations and practices）が意見交換の形で議論が開始された。その成果の1つとして、『銀行監督の制度的な構造』（"Institutional structure of bank supervision"）と題するペーパーを作成して、メンバー各国の間で情報を共有した[64]。

　もっとも、銀行の支払い能力と流動性の維持に関する各国の実効的な銀行監督をめぐっては、第1回会合の冒頭でブランデン議長が表明したよ

第 3 章 「バーゼル・コンコルダット」の採択

うに、バーゼル銀行監督委員会の創設当初は、現行の自己資本比率規制のようにメンバー各国の監督手法を統一することを目的としていた訳ではなく、メンバー各国が監督の分野で他国の経験を学び合い、他国の監督手法に関して疑問や批判があれば、表明し合う機会を提供することを目的としていたことから、「バーゼル・コンコルダット」のような意見交換・情報共有を促す内容のベスト・プラクティス・ペーパーの作成につながった。

　第二に、銀行の外国為替取引の実態調査と外国為替取引に関する各国の規制監督の現状に関する相互理解については、ヘルシュタット銀行やフランクリン・ナショナル銀行の経営破綻の原因が外国為替相場の急激な変動にともなう為替差損の発生によるものであったことから、第 1 回会合に先立ってメンバー各国に対し、①外貨建て資産負債に関する監督当局宛て報告体制、②外国為替先物契約に関する監督当局宛て報告体制、③外貨建て資産負債および外国為替先物契約の満期構成に関する監督当局宛て報告体制について調査を依頼した。

　調査結果によると、外貨建て資産負債に関する監督当局宛て報告体制については、①報告様式が、メンバー各国間で多様であること、②報告項目数も、メンバー各国の間で 40 項目以下から 150 項目以上とばらつきが大きいことなどから比較が困難なことが判明した[65]。

　次に、外国為替先物契約に関する監督当局宛て報告体制についても、①米ドル、英ポンドは全メンバー国で報告対象になっているが、その他の通貨は報告対象となっていない国があること、②報告頻度が、メンバー各国の間で日次、週次、月次、四半期と区々であることなどから比較が困難なことが判明した[66]。

　さらに、外貨建て資産負債および外国為替先物契約の満期構成に関する監督当局宛て報告体制については、①メンバー 12 カ国のうちベルギー、ドイツ、ルクセンブルグ、英国、米国の 5 カ国しか外貨建て資産負債の

満期構成に関する監督当局宛て報告を求めていないこと[67]、②外貨建て資産負債の満期構成に関する監督当局宛て報告を求めている5カ国の間にも、報告対象とする通貨の種類や満期構成の区分にばらつきがあること、③外国為替先物契約の満期構成に関する監督当局宛て報告に関しては、ベルギー、ドイツ、ルクセンブルグ、米国の4カ国しか求めていないことが報告され、監督規制の前提となる報告体制が十分には整備されていない国が多数存在することが判明した[68]。

　もっとも、銀行の外国為替取引に関する規制監督の問題も、銀行の支払い能力と流動性の維持に関する実効的な銀行監督の問題と同様、メンバー各国の規制監督手法を統一することを目的としているわけではなく、メンバー各国の現状に関する相互理解を図ることを目的としたため、外貨建て資産負債および外国為替先物契約およびそれぞれの満期構成に関する監督当局宛て報告様式を統一することは目指さず、調査結果をメンバー各国で情報共有することにとどめた。

　第三に、国際的な業務を営む銀行の経営破綻の影響が国際的に波及する事態を踏まえた国際協力の推進については、バーゼル銀行監督委員会では、国際的な早期警戒システムを構築することが検討され、これが「バーゼル・コンコルダット」の採択につながっていく。

　しかしながら、ヘルシュタット銀行の経営破綻は、複数通貨の間で時差をともなって行われる外国為替取引の決済リスクが顕現化したものであり、外国為替取引にともなう自国通貨の決済に関して最後の貸し手機能を期待されている各国中央銀行にとってマクロ・プルーデンスの問題であった。従って、ヘルシュタット銀行の経営破綻は、親銀行所在の母国監督当局と当該銀行が国外に進出した受入国監督当局の間で銀行監督上の責任を分担するというミクロ・プルーデンスの問題を喚起するような事例ではなく、「バーゼル・コンコルダット」が目指した、国外に進出した銀行の活動が

第 3 章 「バーゼル・コンコルダット」の採択

監督を免れることを防ぐために各国の監督当局が国際的に意見交換・情報共有を通じて協力するような合意形成には必ずしも直接的には結び付かない事例であった。しかしながら、ドイツの銀行監督当局がヘルシュタット銀行の経営破綻の影響が国外に及ぶことを十分考慮しないで業務停止と清算を命じたことを踏まえて、銀行監督当局の間で、国外に影響が及ぶような事態が生じる場合は各国が事前に連絡を取り合うことが重要であることを認識する契機となったと解される[69]。

ドイツの監督当局は、ヘルシュタット銀行の経営破綻の影響が国外に及ぶことを十分考慮せずに業務停止と清算を命じたにもかかわらず、ヘルシュタット銀行の外国為替取引にともなうニューヨークにおける米ドル決済を肩代わりしなかった。このことが批判され、ドイツのブンデスバンクは、バーゼル銀行監督委員会の席上で次のように反論している。

「ヘルシュタット銀行の清算については、不手際があり、そのために必要以上の損失をもたらしたとの批判が折にふれて行われてきた。また、フランクリン・ナショナル銀行の経営破綻に際してニューヨーク連邦準備銀行が行ったように、ブンデスバンクも、ヘルシュタット銀行の契約不履行の責任を引き受けて、すべての外国為替先物契約を引き継いで履行すべきであるとの要求が行われることも稀ではない。

しかしながら、フランクリン・ナショナル銀行の経営破綻のケースとヘルシュタット銀行の経営破綻のケースは類似性が非常に希薄である。まず、フランクリン・ナショナル銀行の経営破綻のケースについてみると、1974 年 5 月に外国為替取引における損失が明らかになった時点では通貨監査長官はフランクリン・ナショナル銀行について『支払い能力がある』と明言した。（中略）そして、同年 10 月になってようやく、ヨーロピアン・アメリカン信託銀行による引き受けとの関連で、フランクリ

ン・ナショナル銀行の経営陣の望みに反して『支払い能力がない』と宣言された。こうした経緯を踏まえて、ニューヨーク連邦準備銀行もフランクリン・ナショナル銀行のために借り換えに応じることができたのである。

（中略）

これに対し、ヘルシュタット銀行の経営破綻のケースについてみると、ヘルシュタット銀行を救済しようとする試みが失敗した後、間をおかないで銀行免許を取り消して資産を凍結した。その時点では、実態を全て把握することは不可能であり、どの程度の規模でヘルシュタット銀行が外国為替先物契約を締結しており、そのうちどれだけが真正のものであり、また、そのうちどれだけが虚偽のものであるのかさえ分からなかった。最初の調査で判明したことは、多額のオープン・ポジションを抱え、無理な満期構成の状態にあり、明らかに操作したレートも存在したことであった。ドイツにおいては、外国為替先物取引を履行する責任を引き継ぐ受託者を保証する組織は過去も現在も存在しない。」[70]

第 2 節　イスラエル・ブリティッシュ銀行の経営破綻

ヘルシュタット銀行が経営破綻した直後の 1974 年 7 月に、テル・アヴィヴ所在のイスラエル・ブリティッシュ銀行（Israel-British Bank Tel Aviv、以下「IBBTA」と略す）が経営破綻し、ロンドンに設立した IBBTA の 100％出資の子会社であるイスラエル・ブリティッシュ銀行ロンドン（Israel-British Bank London、以下「IBBL」と略す）も連鎖的に経営破綻した。

IBBTA と IBBL の経営破綻の背景については、IBBTA の監督をしていたイスラエル銀行[71]の説明によると、1974 年 6 月のヘルシュタット

第3章 「バーゼル・コンコルダット」の採択

銀行の経営破綻の影響によってユーロ・カレンシー市場が混乱する中で、IBBTAがユーロ・カレンシー市場での資金調達ができなくなった結果、資金繰り難に陥ったが、その時点でIBBTAが融資面で多額の不良債権を抱え、外国為替取引においても損失を計上して債務超過にも陥っていた。この事実は、IBBTAがイスラエル銀行に救済融資を求めてきた段階の調査で判明したため、イスラエル銀行としても、IBBTAを救済ができないと判断して清算手続きを開始した。また、その直後にIBBLも、資金繰り難に陥り、債務不履行に至ったため、イングランド銀行もIBBLの清算手続きを開始した[72]。

IBBTAとIBBLは、イスラエル人実業家によって設立・経営されていた多国籍複合企業グループ（以下、「イスラエル・ブリティシュ銀行グループ」と称す）の銀行部門であり、グループ内企業向けに大口融資を行っていたが、イスラエル銀行からIBBTAの融資がグループ内企業向けに集中していることを問題視され、IBBTAはグループ内企業向け融資を制限されていた。これに対し、IBBTAは、イスラエル銀行から課せられたグループ内企業向け融資に対する制限を免れるために、スイスの銀行に預金を行い、その預金を担保にIBBLとリヒテンシュタインに設立したグループ内企業がスイスの銀行から信用供与を受ける形で、他のグループ内企業向け融資を続けられるようにした[73]。また、IBBTAと並んでグループ内企業向け融資を行っていたIBBLがユーロ・カレンシー市場において資金を調達する際、IBBTAが債務保証を行っていたが、IBBTAによる債務保証は、IBBTAの取締役会決議を経ておらず、イスラエルの外国為替管理法上の許可も得ていなかったことから、法的に無効かつ不正な行為であった。そして、グループ内企業向け融資が不良債権化した時点で、親銀行であるIBBTA、その子会社であるIBBLとも、債務超過に陥り、経営破綻した。

親銀行であるIBBTAはイスラエル銀行によって、その英国子会社であ

るIBBLはイングランド銀行によって、それぞれ監督されていたが、イスラエル銀行は英国子会社であるIBBLの経営実態を、イングランド銀行は親銀行であるIBBTAの経営実態をそれぞれ把握していなかったため、イスラエル・ブリティシュ銀行グループ全体の経営実態はいずれの国の監督当局からも把握されていなかったことになる。

また、イスラエル銀行、イングランド銀行とも、監査人による銀行監査報告に基づいて銀行監督を行っていたが、監査人による銀行監査報告においてIBBTAによるIBBLに対する不正な債務保証の事実が見落とされていたため、イスラエル銀行、イングランド銀行とも、イスラエル・ブリティシュ銀行グループが経営破綻するまでその事実を知らなかった。また、IBBTAとIBBLの間で繰り返し行われていた資金操作も監査人による銀行監査報告において把握されていなかった。

このため、イスラエル・ブリティシュ銀行グループが経営破綻した直後から、英国の経済誌『バンカー』(*The Banker*) は "Israel-British Bank: Who's responsible?" と題する論説を掲載して、「国際金融における最近の危機において、最も微妙な問題が1つ持ち上がっている。それは、ある国の銀行の国外業務には誰が責任を負うかという問題である。すなわち、親銀行が所在する国の金融当局なのか。あるいは、国外の支店または事務所を受け入れた国の金融当局なのか。」と問題提起したうえで、通説として「親銀行が所在する国の金融当局が責任を負う」というイングランド銀行の主張に近い見解を示しながら、イスラエル銀行が「IBBLに対しては、イングランド銀行が完全に監督権限を有していた」と主張する反論も報じた[74]。

従って、イスラエル・ブリティシュ銀行グループの経営破綻は、ヘルシュタット銀行の経営破綻と異なり、親銀行所在の母国監督当局と当該銀行が国外に進出した受入国監督当局の間で明確にすべき銀行監督上の責任

第 3 章 「バーゼル・コンコルダット」の採択

分担の問題を直接的に提起し、「バーゼル・コンコルダット」が目指した、国外に進出した銀行の活動が監督を免れることを防ぐために各国の監督当局が国際的に協力することに直接結び付く事例であった。このため、バーゼル銀行監督委員会は、1975 年 9 月に開催した第 4 回会合にイスラエル銀行のスタッフを招いて、イスラエル・ブリティシュ銀行グループの経営破綻のインプリケーションについて議論して、議論の結果得られた教訓を「バーゼル・コンコルダット」の内容に盛り込んだ。

また、銀行監査報告の問題に関して、会計基準が各国で不統一であり、財務諸表の連結も不十分であることが、国外に進出した銀行の監督を困難にしていることが明らかになったことから、銀行監督の分野にとどまらず、銀行監査の分野においても、国際的に協力することが必要であると認識され、バーゼル銀行監督委員会は、「バーゼル・コンコルダット」を採択した後、1975 年 12 月に開催した第 5 回会合以降、銀行監査において採用する会計基準の改善に向けて国際的に協力するための具体的な検討作業に着手した[75]。

さらに、イスラエル・ブリティシュ銀行グループのような多国籍複合企業グループにおける銀行とグループ内企業向け融資の問題に関して、バーゼル銀行監督委員会は、1975 年 9 月に開催した第 4 回会合において、銀行融資のリスク集中の問題と同様、重要な検討課題と認識した[76]が、その後具体的な作業は進展しなかった。

第 3 節 「バーゼル・コンコルダット」の概要

「バーゼル・コンコルダット」は、バーゼル銀行監督委員会の最初の成果であり、国外に進出した銀行の活動が監督を免れることを防ぐために各国の監督当局が協力するためのベスト・プラクティス・ペーパーであった。

具体的には、親銀行所在の母国監督当局と当該銀行が国外に進出した受入国監督当局の間で銀行監督上の責任分担を明確にしたうえで、銀行監督上の隙間できないよう、母国監督当局と受入国監督当局の間で意見交換・情報共有などを通じて相互に協力することを促すものであり、国際協力の形態としては国際決済銀行において創設来継続されてきた意見交換・情報共有を通じた国際協力として位置づけられる。

まず、母国監督当局と受入国監督当局の両者の銀行監督上の責任については、表3にまとめたように、①支払い能力、②流動性、③外国為替ポジションという監督するうえで3つの分野について、①国外支店、②国外子会社、③国外合弁会社という国外に進出するうえで3つの形態それぞれに分けて、責任の分担を明確にした[77]。

また、母国監督当局と受入国監督当局の間の相互協力については、①母国監督当局と受入国監督当局の間の直接的な情報交換、②親銀行所在の母国監督当局による国外支店、国外子会社、国外合弁会社（以下、「国外進出拠点」と略す）に対する直接的な立ち入り検査の実施、③受入国監督当局を通じた親銀行所在の母国監督当局による国外進出拠点に対する間接的な立ち入り検査の実施、の3つのアプローチが挙げられていた[78]。

第一に、母国監督当局と受入国監督当局の間の直接的な情報交換については、①受入国監督当局が国外進出拠点に対し規制監督上の何らか要件を免除しているケース、②受入国監督当局による国外進出拠点に対する規制監督が母国監督当局による親銀行に対する規制監督に比べ緩やかなものとなっているケース、③親銀行が国外進出拠点に対し債務保証などのコミットメントを行っているケースを想定して、母国監督当局が国外進出拠点から受入国監督当局に提出された報告書のコピーを入手することが望ましいとされた。また、母国監督当局が報告書のコピーを入手するルートとしては、①国外進出拠点の親銀行から入手する、②受入国監督当局から入手す

第3章 「バーゼル・コンコルダット」の採択

表3 母国監督当局と受入国監督当局の間における監督責任の分担

	国外支店	国外子会社	国外合弁会社
支払い能力	○監督責任は母国監督当局が負う。	○主たる監督責任は受入国監督当局が負う。 ○もっとも、母国監督当局は、親銀行が道義的責任を負うことを考慮する必要がある。	
流動性	○主たる監督責任は受入国監督当局が負うが、母国監督当局も国外支店と本支店間の資金取引などに関し監督責任を負う。	○主たる監督責任は受入国監督当局が負うが、母国監督当局も国外子会社・国外合弁会社との間の流動性に関するスタンド・バイ・クレジットなどに関し監督責任を負う。 ○また、母国監督当局は、親銀行が道義的責任を負うことも考慮する必要がある。	
外国為替ポジション	○主たる監督責任は受入国監督当局が負う。 ○ただし、母国監督当局も、支払い能力、流動性に関連して、責任分担を考慮する必要がある。		

出所：1975年12月に採択された「バーゼル・コンコルダット」[79]に基づき著者作成。

る、という2つの経路が想定された。

　ただ、母国監督当局と受入国監督当局の間の直接的な情報交換については、国によっては銀行業務に関する守秘義務を定める法律の存在が障害になることが想定されたことから、バーゼル銀行監督委員会としては、交換される情報の利用目的が、個別顧客に係るものではなく、銀行監督に必要となる銀行経営全体に係るものに限定されることを理由に、銀行業務に関する守秘義務を定める法律が弾力的に運用されるよう要望した。

第二に、親銀行所在の母国監督当局による国外進出拠点に対する直接的な立ち入り検査の実施については、支払い能力の監督分野を中心に有効性が強調された。また、親銀行所在の母国監督当局による国外進出拠点に対する直接的な立ち入り検査の実施に際しては、相互に実施する合意に基づく公式なベースとそうした合意に基づかない非公式なベースが想定されたが、相互に実施する合意に基づく公式なベースの方が望ましいとの考えを表明した。

　第三に、受入国監督当局を通じた親銀行所在の母国監督当局による国外進出拠点に対する間接的な立ち入り検査の実施については、受入国監督当局が親銀行所在の母国監督当局による国外進出拠点に対する直接的な立ち入り検査の実施を認めない場合、受入国監督当局は、その代替策として、親銀行所在の母国監督当局の要請に応じて国外進出拠点に対する立ち入り検査を実施して、その検査結果を親銀行所在の母国監督当局に伝達するべきであるとの考えを表明した。

　さらに、国外進出拠点に関する情報交換、国外進出拠点に対する立ち入り検査の実施とも、国外子会社、国外合弁会社に比べて、相対的に法律面の制約が少ない国外支店から始めることを勧告した。

第4節　検討過程における主要論点

　「バーゼル・コンコルダット」は、G10中央銀行総裁会議が国際的な早期警戒システムの検討を最優先するよう指示されたことを受けて、バーゼル銀行監督委員会が取り組んだ課題であり、その成果として国外に進出した銀行の活動が監督を免れることを防ぐために各国の監督当局が協力することをベスト・プラクティス・ペーパーの形で採択したものであったが、当初バーゼル銀行監督委員会が取り組みを開始した段階では、新たな報告

第 3 章 「バーゼル・コンコルダット」の採択

体制を構築し、包括的に国際的な銀行活動をモニタリングして潜在的な危険なポイントを見つけて、早期警戒を促す国際的な組織を創設することも検討された。

しかしながら、こうした早期警戒を促す国際的な組織を創設することは、①各国においてすでに存在する国内ベースの早期警戒システムの枠組みと重複する、②各国で法整備が必要となる、③各国の銀行・政治制度が異なる下では、運用面でも連携する際に困難をともなう、という理由から実現可能性が乏しいとの認識が強まり[80]、各国においてすでに存在する国内ベースの早期警戒システムを活用して各国が協力することを前提に検討作業が進められた経緯がある[81]。

また、バーゼル銀行監督委員会は、各国においてすでに存在する国内ベースの早期警戒システムを活用しながら意見交換・情報共有を通じて国際的な早期警戒システムを機能させることを目指す際の基本的な考え方として、①メンバー各国の国内ベースの早期警戒システムに関する経験に踏まえ、その成功事例などを通じて相互に学習すること、②国際的に活動する銀行の国外進出拠点に対して、いかなる形態であろうとも、監督を免れることがないように協力するという原則を確立すること、③国際的に活動する銀行の国外進出拠点の監督に関して、母国監督当局と受入国監督当局の責任分担を明確にすること、④バーゼル銀行監督委員会に出席するメンバーを通じて各国の間で国際的に活動する銀行に関する機密情報を提供し合えるような相互信頼関係を構築・維持すること、という4つの考えを採用した。このうち②、③の考え方は「バーゼル・コンコルダット」に盛り込まれ、①の考え方は、バーゼル銀行監督委員会が毎回開催する会合に議題として取り上げられることになったほか、④の考え方は、バーゼル銀行監督委員会に出席する各メンバーの間で緊密な連絡網を構築する形で具体化した[82]。

しかしながら、各国においてすでに存在する国内ベースの早期警戒シス

表4 「バーゼル・コンコルダット」採択に至る検討過程における各国主張

	母国監督当局と受入国監督当局の間の直接的な情報交換[83]	母国監督当局による直接的な立ち入り検査
ベルギー	相互主義で非公式ベースであれば認める。	公式には認めないが、支店形態に限って非公式に認める。
カナダ	外国銀行の支店開設を認めていないので、該当しない。	
フランス	態度保留。	支店形態に限って認める。
ドイツ	法的に認められない。	相互主義で認める。
イタリア	非公式かつ極秘ベースで認める。	支店形態であれば、相互主義で認める。
日本	日本銀行としては非公式ベースで認めるが、大蔵省の方針は不明である[84]。	日本銀行としては認めるが、大蔵省の方針は不明である。
ルクセンブルグ	極秘ベースで認める。	認めないが、支店形態に限って今後認める可能性がある。
オランダ	認める。	認める。
スウェーデン	外国銀行の支店開設を認めていないので、該当しない。	
スイス	法的に認められない。	法的に認められない。
英国	認める。	認める。
米国	認める。	認める。

出所：バーゼル銀行監督委員会事務局の調査結果に基づき著者作成。

第 3 章 「バーゼル・コンコルダット」の採択

テムを活用しながら意見交換・情報共有を通じて国際的な早期警戒システムを機能させることを前提にした上記の基本的な考え方についても、表 4 のとおり、メンバー各国の間に主張の違いが見られたため、「バーゼル・コンコルダット」に盛り込まれた②、③の考え方に関しては抽象的な原則論にとどまり、具体的な監督責任の分担を通じた監督面の協力体制の構築には至らなかった。

　特に、ドイツやスイスのように銀行業務に関する守秘義務を定めた国内法によって、自国への進出を受け入れた銀行に関して母国監督当局に対する情報提供を禁止している国については、「バーゼル・コンコルダット」が有効に機能するうえで厳しい制約が存在した。また、他の 10 カ国についても、オランダ、英国、米国を除く 7 カ国には、「バーゼル・コンコルダット」が有効に機能するうえで、何らかの留保条件が存在した。

第 5 節　残された課題

　「バーゼル・コンコルダット」は、1975 年 12 月の G10 中央銀行総裁会議で採択されると同時に、G10 諸国以外の世界各国の中央銀行総裁にも送付された。

　バーゼル銀行監督委員会のブランデン議長は、G10 諸国以外の世界各国の中央銀行総裁に「バーゼル・コンコルダット」を送付する際、G10 諸国以外の各国にも銀行監督の国際協力に関する理解と協力を求めるため、次のようなカバーレターを添付した。また、「バーゼル・コンコルダット」の内容に関するコメントや提案を歓迎するとともに、希望があれば、今後ともバーゼル銀行監督委員会が作成するペーパーを送りたいとの意向も伝えた。

「G10中央銀行総裁と当委員会のメンバーは国際的な銀行業務の重要な部分がG10諸国以外で行われていることを熟知している。当委員会は、G10中央銀行総裁会議に対する報告書[85]の2ページ目にも書いているように、当委員会で合意した国際協力に関するガイドラインを、国際的な銀行業務において重要な役割を果たしているG10諸国以外の国々にも伝えて、協力を得たいと望み、本報告書を送付している」[86]

これに対し、EC加盟国をはじめ、オフショア・センターを含むG10諸国以外の多くの中央銀行から「バーゼル・コンコルダット」の実施に協力する旨の回答が寄せられた[87]。特に、EC委員会は、EC共通の銀行監督に関するルール作りにバーゼル銀行監督委員会の成果を利用する方針もあって、EC域内各国の銀行業務に関する国内法の改正を含めて、EC域内における「バーゼル・コンコルダット」の完全実施を目指していた。

EC委員会の当時の状況について、E・P・M・ガードナー（Edward . P. M. Gardener）とP・モリヌー（Philip Molyneux）によると、EC委員会は、単一の金融市場を実現する際の規制監督上のルールである第一次銀行指令（The First Banking Coordination Directive）として、「バーゼル・コンコルダット」の原則に準拠する形で、「母国監督当局による管理と相互承認」の原則を打ち出していたが、「母国監督当局による管理と相互承認」の原則では、国境を越えて業務を行う銀行に対する監督責任はその銀行の本部が所在する母国監督当局にあるとされ、「バーゼル・コンコルダット」に比べて、母国監督当局の監督責任に重点が置かれていた[88]、とされる。ただ、その前提として、母国監督当局と進出先の受入国監督当局が監督システムの面で同等であることを相互に承認することが条件とされていた。このことが単一の金融市場実現を目指していたEC加盟国の特有の事情として存在した。

第 3 章 「バーゼル・コンコルダット」の採択

　しかしながら、G10 諸国以外の各国の中にも、国内法が銀行業務に関する守秘義務を規定していることを理由に、オーストリアのように自国への進出を受け入れた銀行に母国監督当局に対する情報提供を禁止している国やシンガポールのように母国監督当局による直接的な立ち入り検査も認めない国が存在し、「バーゼル・コンコルダット」の実施を通じた銀行監督における国際協力に関しては、G10 各国にとどまらず、G10 諸国以外の各国でも、協力できる範囲に大きなばらつきがみられるという問題が付きまとった。

　また、「バーゼル・コンコルダット」が活用することを前提にした G10 各国の国内ベースの早期警戒システムについても、表 5 のとおり、システムが未整備の状態にある国が存在するという問題のほか、システム整備されている国の間でも相違点が大きいといった問題も残存した[89]。

　さらに、銀行の会計基準に関しても、G10 各国はもとより、G10 以外の各国を含めて、会計基準の内容が各国の間でばらつきが大きく、各国監督当局による情報交換に際しても個々の銀行の財務内容の理解が容易ではないという問題が存在したほか、親銀行とその国外支店、さらにはその国外子会社、国外合弁会社と連結して財務内容を把握することが困難であるという問題も存在した。

　このため、バーゼル銀行監督委員会では、ブランデン議長名で国際会計基準審議会の J・P・カミングス（Joseph P. Cummings）議長に対し、①会計基準および監査慣行に関するバーゼル銀行監督委員会の問題意識、②会計基準に関するバーゼル銀行監督委員会としての要望、③監査慣行に関するバーゼル銀行監督委員会としての要望を盛り込んだ書面を送付した[90]。

　それは、第一に、バーゼル銀行監督委員会の会計基準および監査慣行に関する問題意識は、各国の会計基準および監査慣行が異なることが銀行監

表5　G10各国の国内ベースの早期警戒システム

ベルギー	○ 月1回以上の銀行訪問を通じて、銀行の内部統制等の状況を調査する。 ○ 外国為替ポジションおよび対顧客取引に関する日次ベースの報告と月次ベースの詳細な報告を銀行から受けている。
カナダ	○ 月次、四半期、年次の報告に加え、資産負債および流動性に関する週次ベースの報告と外国為替ポジションに関する日次ベースの報告を銀行から受けている。
フランス	○ 外国為替ポジションに関する銀行からの報告は不十分な状態にあり、大手銀行に対して週次ベースの新しい報告体制を試行している。
ドイツ	○ 早期警戒システムは未整備である。
イタリア	○ 銀行の市場における風評および中央銀行に対する流動性需要を通じて危機的な状況の兆候をモニタリングしている。
日本	○ 毎日の接触を通じて、銀行の状況をモニタリングしている。 ○ 国際業務に関しては、10日ごとの報告を銀行から受けている。
ルクセンブルグ	○ 業務全般に関し、月次ベースの報告を銀行から受けている。
オランダ	○ 毎日の接触を通じて、銀行の状況をモニタリングしている。 ○ 支払い能力、流動性、外国為替ポジションに関しては、月次ベースの報告を銀行から受けている。 ○ 年次ベースであるが、全ての形態の国外拠点を連結した財務報告を銀行から受けている。
スウェーデン	○ 外国為替ポジションに関しては、日次ベースの報告を銀行から受けている。
スイス	○ 毎日の市場動向の調査を通じて、銀行の状況をモニタリングしている。
英国	○ 毎日の市場動向の調査を通じて、銀行の状況をモニタリングしている。 ○ 外国為替ポジションに関しては、週次、月次、四半期ベースの報告を銀行から受けている。
米国	○ 週次、月次、四半期ベースの報告を銀行から受けている。 ○ 外国為替ポジションに関しては、週次ベースの報告を銀行から受けている。

出所：バーゼル銀行監督委員会議事録調査結果に基づき著者作成。

第3章 「バーゼル・コンコルダット」の採択

督の障害となり、国際的に活動する銀行の経営悪化や破綻を回避できない1つの要因となっているケースもあるので、銀行の経営悪化や破綻が再発するリスクを軽減するためにも、銀行の会計基準および監査慣行が国際的に統一化されることが望ましい、との考えを表明している。しかしながら、バーゼル銀行監督委員会自体にはそれを推進する権限も能力もないので、今後国際会計基準審議会がこうしたバーゼル銀行監督委員会の考えを踏まえて、国際的に適用される会計基準を作成してくれることを期待している、という内容であった。

第二に、会計基準に関する具体的な要望は、①銀行が公表する財務報告書の内容について国際的に適用する最低基準を定めること[91]、②銀行の財務報告および経理で使う用語が各国で区々であり、これが銀行の財務内容に関する理解を妨げ、事態を悪化させていることから、これを統一すること、③各経理項目の取り扱い方や各経理項目の配列順序などに関しても、国際的に統一して、銀行の財務報告書の国際比較が可能なものにすること、の3点であった。

第三に、監査慣行に関する具体的な要望[92]は、①銀行取引において取引確認のために照会する書面の様式、②経理上の締め切り手順や収入の計上時期などの経理のタイミング、③銀行と利害関係先との取引に関して注意を促すための記述の仕方などについて統一を図ることを促すような書面を作成して欲しい、という内容であった。

以上述べたように、「バーゼル・コンコルダット」は、金融システム安定の分野で国際協力を推進するために、各国の監督当局が協力するためのベスト・プラクティス・ペーパーとして、国際的に初めて合意した画期的なものあったが、①国によっては、銀行業務に関し守秘義務を定める国内法が存在するといった事情もあって、監督当局間の国際的な協力の面で様々な形で制約が存在したこと、②国際協力の前提とした国内ベースの

銀行監督上の早期警戒システムに関しても、国によっては、システムが未整備であったり、また、整備されている場合でも各国の間でシステムが大きく相違していたり、各国の間で銀行監督の質の面でも格差が見られたこと、③銀行監督上の早期警戒システムにおいて重要な構成要素となっている銀行の財務報告書についても、各国が適用している会計基準が区々であり、国際協力を推進する際も相互に理解することが困難であったことが解決すべき問題として残っていた。このため、バーゼル銀行監督委員会にとって、「バーゼル・コンコルダット」そのものの実施と並んで、これらの問題解決が「バーゼル・コンコルダット」の実施に際しての残された課題となった。

第 4 章

「バーゼル・コンコルダット」採択後の活動

1970年代後半になると、国際金融は、第一次オイルショック後の国際収支の不均衡が拡大したが、G10諸国の金融機関がユーロ・カレンシー市場を通じた赤字国向け貸出によってこうした不均衡をファイナンス面から調整したため、比較的順調に推移したと特徴づけられる。また、赤字国向け貸出は大口の資金を供与することになるため、ユーロ・カレンシー市場においては複数の金融機関が協調して融資する国際的なシンジケート・ローンが発展した。

　このため、バーゼル銀行監督委員会は、「バーゼル・コンコルダット」の内容をベスト・プラクティスとする国際協力の枠組みの中で、①国際的な銀行業務の連結ベースの監督、②銀行の支払い能力および流動性に関する健全性の評価、③カントリー・リスクの管理と監督、④外国為替業務にともなうリスクの管理、というテーマを中心に意見交換・情報共有を継続した[93]。

第1節　バーゼル銀行監督委員会議長の交代

　1974年12月のバーゼル銀行監督委員会創設時にはブランデンが初代議長に就任したが、77年にP・クック（Peter Cooke）がブランデンの後任として第2代議長に就任した。ブランデン、クックとも、イングランド銀行の銀行・金融市場サービス局長のポストと兼任する形でバーゼル銀行監督委員会議長に就任しているが、このようにイングランド銀行が2代続けて、バーゼル銀行監督委員会の議長のポストを占めるのは、イングランド銀行がバーゼル銀行監督委員会を通じた銀行監督の国際協力の進展に強い国益上の関心を寄せていた当時の英国の事情を反映している。

　当時の英国の事情をみると、表6にみられるように、ユーロ・カレンシー取引に参加するための国外進出拠点として、外国の銀行によるロンドン進

第4章 「バーゼル・コンコルダット」採択後の活動

出が相次ぎ、英国内における英ポンド以外のユーロ・カレンシー建資産に占める外国の銀行のシェアは1970年代半ばには7割に達していた。このため、イングランド銀行としては、ロンドンに進出してきた外国の銀行の母国監督当局の協力を得て、ロンドンに進出してきた外国の銀行の業務を監督する必要性が高まっていたことが指摘できる。

また、当時のロンドンおよびイングランド銀行の置かれた事情について、カプスタインは、「ユーロ・カレンシー市場における銀行間の相互依存関係を通じて、他国の銀行の国際業務の影響が自国に及ぶようなドミノ構造にさらされることになった。特に、英国の場合、自国に進出する外国の銀

表6　ロンドンにおける外国銀行数および英国における外国の銀行の資産シェア[94]

(単位：銀行数は箇所、シェアは％)

	駐在員事務所、支店、子会社	合弁会社またはコンソーシアム	合計	外国の銀行シェア（英ポンド建）	外国の銀行シェア（ユーロ・カレンシー建）
1970年	163	0	163	N.A.	N.A.
75	263	72	335	14	70
76	265	78	343	16	71
77	300	55	355	16	72
78	313	69	382	16	73
79	330	59	389	17	72
80	353	50	403	19	71
81	355	65	420	19	71

出所：*The Banker,* November 1981, p.101.

行の数が増加していく中で、外国の銀行をどのように監督するのかという課題に直面していた。1970年代前半には、ロンドンには200以上の外国の銀行が支店を開設している状況を踏まえて、イングランド銀行は外国銀行の支店が困難に陥った時は、母国の中央銀行が外国の銀行の支店を支援してくれることに確証を得ることを期待していた」[95]と述べている。

さらに、カプスタインは、ブランデンとのインタビューに基づいて、「1974年秋に、イングランド銀行のG・W・リチャードソン（G. W. Richardson）総裁は、部下のブランデン銀行・金融市場サービス局長と話し合った結果、イングランド銀行としては、ロンドンに支店や子会社を開設している外国の銀行の業務全体に関する情報を母国銀行監督当局からもっと得るためにも、他国の銀行監督当局との間で協力関係を強化する必要があるとの結論に達した。当時、銀行は連結ベースの業務報告を提出していなかったので、各国とも、母国銀行監督当局の立場でも、国際的な業務を展開している銀行を全体として評価することは困難であった。そこで、イングランド銀行のリチャードソン総裁は、仲間の中央銀行総裁に対して、銀行を監督するうえで極めて重要な情報を交換するために銀行監督当局者による委員会を創設することを提案した」[96]と当時のイングランド銀行の方針を説明していることから、イングランド銀行は、自国に進出してきた外国の銀行の業務全体に関する情報を得るために、バーゼル銀行監督委員会の創設についてはもちろん、その後のバーゼル銀行監督委員会の活動についても、議長ポストを通じて積極的に主導権を発揮しようとしていたと解される。

こうしたイングランド銀行のバーゼル銀行監督委員会の活動に対する積極的な取り組みは、当時のユーロ・カレンシー市場においてロンドンのプレゼンスが高く、ロンドンを中心とするユーロ・カレンシー市場に混乱が生じると、英国にとって影響が最も大きくなるという当時の国際金融シス

第 4 章 「バーゼル・コンコルダット」採択後の活動

テムの構造を反映していると解される。

第 2 節　国際銀行監督者会議の開催

　バーゼル銀行監督委員会は、1975 年 12 月の「バーゼル・コンコルダット」採択以降成果を重ね、その成果を盛り込んだ作成文書を、メンバー各国以外の諸国の銀行監督当局に送付して、バーゼル銀行監督委員会との協調を要請した。

　その一環として、1979 年 7 月 5、6 日の 2 日間にわたって、バーゼル銀行監督委員会は、イングランド銀行と共催する形で、ロンドンにおいて、第 1 回国際銀行監督者会議（International Conference of Banking Supervisors）を開催した。

　第 1 回国際銀行監督者会議には、約 80 カ国から中央銀行および銀行監督当局が参加し、会議の席上、①国際的な銀行貸出の監督、②国際的な銀行業務における適正な自己資本と流動性の測定、③銀行の外国為替業務の規制、④連結ベースの銀行監督、⑤オフショア・センターの状況、⑥国際協力の 1 つのモデルとしての「バーゼル・コンコルダット」がテーマとして取り上げられた[97]。

　次いで、第 2 回国際銀行監督者会議が、米国の連邦準備制度、通貨監査長官事務所、連邦預金保険公社との共催の形で、1981 年 9 月 24、25 日の 2 日間にわたって、ワシントン D.C. で開催され、75 カ国から中央銀行および銀行監督当局が参加した。会議の席上、①銀行の自己資本と銀行監督における自己資本基準、②国際協力の取り組み、③預金保険、④問題銀行および破綻銀行への対応、⑤国境を越えた情報交換、がテーマとして取り上げられた[98]。

　さらに、「バーゼル・コンコルダット」を 1984 年 5 月に改訂した後、

84年9月には、第3回国際銀行監督者会議が、イタリア銀行との共催の形で、13、14日の2日間にわたって、ローマで開催され、80カ国から中央銀行および銀行監督当局が参加した。会議の席上、①改訂した「バーゼル・コンコルダット」とそのインプリケーションに関する議論をメイン・テーマとして位置づけたうえで、②銀行の適正な自己資本、③連結ベースのプルーデンス政策の効果、解決すべき問題点と有効性の限界、④銀行に対する実地調査、検査、外部監査、⑤市場アクセスとオーソライゼーションによる構造的な監督、⑥国際協力の取り組み、もテーマとして取り上げられた[99]。

このようにバーゼル銀行監督委員会は、国際銀行監督者会議の開催を通じて、その活動成果である作成文書をメンバー各国以外の銀行監督当局に伝えるだけでなく、メンバー各国以外の銀行監督当局と双方向で対話するチャネルを構築することを行った。

なお、国際銀行監督者会議の議題については、本節で論じた第1回会議から第3回会議に加え、第6章の「銀行の自己資本に関する合意」で論じる第4回会議および第5回会議も合わせて、巻末に付属資料2として掲載した。

第3節　オフショア・センターとの協力関係

バーゼル銀行監督会議会は、1980年以降、国際銀行監督者委員会の開催を通じてメンバー各国以外の銀行監督当局と双方向で対話するチャネルを構築するだけでなく、オフショア・センターとの間では別途個別に対話するためのグループ単位の会合を設けた。

オフショア・センターとの第1回会合は、1980年10月にスイスのバーゼルの国際決済銀行で開催され、①バハマ、②バーレーン、③ケイマン・

第 4 章 「バーゼル・コンコルダット」採択後の活動

アイランズ、④ガーンジー、⑤香港、⑥ジャージー、⑦マン島、⑧レバノン、⑨オランダ領アンティレス、⑩パナマ、⑪シンガポールの 11 のオフショア・センターが参加した。また、バーゼル銀行監督委員会との間で、情報および意見を交換した。

オフショア・センターは、第 1 回会合に先立って、オフショア銀行監督者グループを組成し、その後 1981 年 9 月に開催された第 2 回国際銀行監督者会議の機会を捉えてワシントン D.C. で開催した第 2 回会合、82 年 10 月にバーゼルで開催した第 3 回会合を経て、84 年 9 月に開催された第 3 回国際銀行監督者会議の機会を捉えて第 4 回会合を開催するまでには、バルバドス、キプロス、ジブラルタル、バヌアツの 4 センターが加わって、15 のオフショア・センターが参加するようになった。

このように、バーゼル銀行監督委員会が、メンバー各国以外の諸国のうち、とくにオフショア・センターとの協力関係の構築に積極的に取り組んだのは、ユーロ・カレンシー取引が拡大する過程で、バハマ、バーレーン、ケイマン・アイランズ、香港、シンガポール、オランダ領アンティレス等のオフショア・センターにおいて、税制上の優遇措置等を背景に、ユーロ・カレンシー取引が急速に拡大し、1980 年代初には、バーゼル銀行監督委員会としても、メンバー各国と同じ規制監督の枠組みに取り込まざるを得ないまで、オフショア・センターがそのプレゼンスを高めていたことが背景として指摘できる。

そして、こうしたオフショア・センターでは、税制上の優遇措置などを享受するために、ユーロ・カレンシー取引の記帳が形式的に行われる一方、十分な銀行監督が行われないケースが多数存在したため、オフショア・センターで行われる銀行の国際業務に関して銀行監督上の隙間が生じることが懸念された。その懸念を解決するために、バーゼル銀行監督委員会がオフショア・センターに対して「バーゼル・コンコルダット」の実施をはじ

めユーロ・カレンシー市場における銀行監督面で協力関係を構築することを強く働きかけたと解される。

第 4 節　バーゼル銀行監督委員会の主要な成果

バーゼル銀行監督委員会は、1975 年 12 月の「バーゼル・コンコルダット」採択以降、83 年 5 月の「バーゼル・コンコルダット」改訂に至るまでの間に、主要な成果として、次の 7 つの文書を作成した。

(1) "Consolidation of banks' balance sheets: aggregation of risk-bearing assets as a method of supervising bank solvency"（1978 年 10 月に作成）

(2) "Consolidated supervision of banks' international activities"（1979 年 3 月に作成）

(3) "Treatment of minority participations in the consolidation of banks' balance sheets"（1979 年 11 月に作成）

(4) "Banking secrecy and international cooperation in banking supervision"（1981 年 12 月に作成）

(5) "Authorisation procedures for banks' foreign establishments"（1983 年 3 月に作成）

(6) "Supervision of banks' foreign exchange positions"（1980 年 8 月に作成）

(7) "Management of banks' international lending: country risk analysis and country exposure measurement and control"（1982 年 3 月に作成）

上記 7 つの文書のうち、(1)、(2)、(3) の 3 つの文書は、いずれも連結ベー

第 4 章 「バーゼル・コンコルダット」採択後の活動

スの銀行監督に関するものであり、銀行経営の健全性と自己資本の充実度の評価に当っては、銀行の国内・国外の業務を全体として評価することが重要であるという原則に基づいて作成されている。

まず、(1)の文書は、リスク資産を対象にバランス・シートを連結する手法について、メンバー各国の現状をまとめるほか、①ノンバンクを含め連結対象となる企業のバランス・シート構造の相違、②銀行業務に関する守秘義務の存在、③合弁会社や少数資本参加の場合の取り扱いなどの解決すべき課題を示している。また、(2)の文書は、国外進出拠点の自己資本の充実度とリスク資産の状況に関しては、①親銀行を監督する母国監督当局による連結ベースの監督を実施する一方、②受入国監督当局は母国監督当局による連結ベースの監督を全面的に協力して支援するという原則を勧告している[100]。さらに、(3)の文書は、出資比率50%以下の国外子会社や国外合弁会社を対象にバランス・シートを連結する際の留意点に関して、出資比率に応じた按分比例に限定しないで、①出資している国外子会社や国外合弁会社の業務が金融関係かどうか、②出資比率が50%以下のどの水準か、③出資責任を負うかどうか、④出資にともなうリスクの度合いが出資額を親銀行の自己資本から全額控除する必要がある程大きいかどうか、を中心に検討することを求めている。

一方、(4)、(5)の2つの文書は、1975年12月に採択された「バーゼル・コンコルダット」の内容を補完するために作成されたものである。(4)の文書は、「バーゼル・コンコルダット」を実施するうえで障害となる銀行業務に関する守秘義務を銀行監督の目的に限って緩和することを求めている。(5)の文書は、「バーゼル・コンコルダット」の実効性を確保するための具体的な方策として、①受入国監督当局が外国銀行による自国進出に際して行うべき承認手続き（inward authorisation procedures）、②母国監督当局が自国銀行による国外進出に際して行うべき承認手続き

(outward authorisation procedures）を示している。

　従って、(4)、(5) の 2 つの文書は、1975 年 12 月に採択された「バーゼル・コンコルダット」に沿って、国外支店の支払い能力を除くと受入国監督当局が主たる監督責任を負うという原則に重点を置いている。これに対し、(1)、(2)、(3) の 3 つの文書は、母国監督当局による連結ベースの銀行監督が有効であり、受入国監督当局は母国監督当局に協力するという原則に重点を置いており、母国監督当局と受入国監督当局の監督責任の分担に関して、バーゼル銀行監督委員会の考え方も 2 つの原則が並立する形で存在するなど明確ではなかったという問題が 1980 年代初当時から指摘されていた[101]。

　この間、(6)、(7) の 2 つの文書は、特定な分野に関するサウンド・プラクティス・ペーパーとして作成されたものであり、(6) の文書は外国為替ポジションの監督、(7) の文書は国際的な貸出のリスク管理と監督、にそれぞれ関するものであるが、特に (7) の文書は 1980 年代初に顕現化した発展途上国の累積債務問題[102]に対応したものと位置づけられ、80 年代後半の銀行の所要自己資本に関する議論につながっていった。

第 5 章

「バーゼル・コンコルダット」の改訂

1980年代前半の国際金融は、82年にメキシコが債務履行不能に陥り、その後もブラジル、アルゼンチンをはじめ中南米債務国において累積債務問題が引き続いて起こり、G10各国の金融機関にとって深刻な影響を及ぼした。さらに、米国の金融機関は、米国内における不動産融資および企業買収のための融資分野において、多額の不良債権を抱える事態に直面し、コンティネンタル・イリノイ銀行（Continental Illinois Bank and Trust Company）が経営困難に陥り、米国連邦預金保険公社（Federal Deposit Insurance Corporation）が救済策に踏み切った。その後も米国内では、貯蓄貸付組合の経営悪化が続き、民間金融機関の健全経営をどのように確保するのか、ミクロ・プルーデンスの問題意識が高まった。

　こうした状況下において、ルクセンブルグに設立されたイタリアのアンブロシアーノ銀行の現地法人がユーロ・カレンシー市場において債務不履行に陥り、イタリア所在のアンブロシアーノ銀行自体も経営破綻する事態を招いた。ここに「バーゼル・コンコルダット」を基本原則とする金融システム安定のための国際協力が十分に機能しないということが明らかになったのである。

　このため、バーゼル銀行監督委員会は、その後1年足らずの検討作業を経て、1983年5月、国際協力の在り方として、親銀行所在の母国監督当局と当該銀行が国外に進出した受入国監督当局との間の銀行監督における協力関係について、「受入国監督当局による単体ベースの銀行監督に重点を置いた責任分担」という従来のアプローチを修正し、「母国監督当局による連結ベースの銀行監督に重点を置いた共同責任・重複責任」というアプローチを採用して、「バーゼル・コンコルダット」を改訂するに至った。

第5章 「バーゼル・コンコルダット」の改訂

第1節 アンブロシアーノ銀行の経営破綻

　アンブロシアーノ銀行（Banco Ambrosiano）は、1896年にイタリアのミラノに設立され、1963年にはルクセンブルグにアンブロシアーノ・ホールディング（Banco Ambrosiano Holding）が設立された。

　アンブロシアーノ銀行は、1975年にR・カルヴィ（Roberto Calvi）が

表7　アンブロシアーノ銀行の経営指標

（単位：百万ドル、％、順位）

年末	1979	1980	1981
コントラ勘定を除く総資産	14,619	14,894	13,426
総預金	13,181	13,290	11,611
資本・準備金	216	157	341
その他負債	1,438	1,604	1,815
総収入	1,416	1,715	1,733
税引前利益	104	169	208
総資産税引前利益率	0.78	1.23	1.66
自己資本税引前利益率	55.80	114.82	89.85
総資産自己資本比率	1.48	1.05	2.54
総収入総資産比率	10.55	12.45	12.88
総資産規模世界ランキング	104	108	126
うちイタリア国内ランキング	9	10	11

資料：*The Banker,* June 1980, June 1981, and June 1982.

頭取に就任して以降、海外業務を拡大した。海外業務拡大の一環として、アンブロシアーノ・ホールディングを使ってユーロ・カレンシー市場で資金調達を行い、その資金を原資に南米やカリブ海などに設立した銀行、ノンバンクなどの国外子会社を通じて国外で貸出を行った。こうした貸出のうち資金使途が不明なものが多額に上り、その後不良債権化した。不良債権化した貸出には、ヴァチカン銀行（IOR, Istituto per le Opere di Religione）がコンフォート・レター（lettera di patronage）を発行した大口融資が含まれていた。

アンブロシアーノ銀行の経営指標をみると、表7のとおり、経営破綻する直前の1981年末の総資産は134億ドルと、世界の銀行の資産規模ランキングでは126位であり、イタリア国内では資産規模11位の主要な銀行であった。

また、アンブロシアーノ銀行の企業構造をみると、イタリア国内には、アンブロシアーノ銀行として約100の支店を有していたほか、ヴィチェンツァ、ジェノヴァ、ヴァレーゼの銀行を経営支配下に置いていた、また、イタリア国外には、ルガノ、ナッソー、マナグアに銀行子会社を有していた、さらに、ノンバンクとして、イタリア国内には、ミラノの持株会社（La Centrale Finanziaria Generale S.p.A.）、トリノの保険会社（Toro Assicurazioni S.p.A.）を有していたほか、イタリア国外には、ルクセンブルグ所在のアンブロシアーノ・ホールディングをはじめ、チューリッヒ、ニューヨーク、ナッソー、パナマ、ブエノス・アイレス、香港にも経営支配しているグループ内子会社を有するなど、複雑な多国籍コングロマリットを形成していた。

アンブロシアーノ銀行は、1981年5月に頭取のカルヴィが外国為替管理法違反の容疑で逮捕され、同年7月に懲役4年、罰金1,350万ドルの有罪判決[103]が下るという不祥事が起きたにもかかわらず、その後もしば

第 5 章　「バーゼル・コンコルダット」の改訂

らくは支障なく業務を続けていた[104]。

　しかしながら、1982 年 6 月にイタリア銀行が南米向け貸出の実態を調査するためにアンブロシアーノ銀行にコミッショナーを派遣して経営管理を開始し、その直後にカルヴィがローマから行方不明になり、ロンドンで死体が発見されるという事件が起こると、アンブロシアーノ銀行に対する不安が高まり、それにつれてアンブロシアーノ銀行からの預金流出が始まった[105]。また、同年 7 月には、アンブロシアーノ・ホールディングの借り入れたシンジケート・ローンについて、幹事銀行であるミッドランド銀行（Midland Bank P.L.C.）とナショナル・ウェストミンスター銀行（National Westminster Bank P.L.C.）からデフォルト発生の宣言がなされた。

　このため、イタリア銀行は、アンブロシアーノ銀行の救済は困難と判断し、1982 年 7 月には、イタリアの大手銀行 7 行が共同出資して、アンブロシアーノ銀行の資産負債を継承するための新アンブロシアーノ銀行（Nuovo Banco Ambrosiano）を設立する準備を開始した。そして、同年 8 月には、アンブロシアーノ銀行を強制清算し、新アンブロシアーノ銀行が営業を開始した[106]。

　新アンブロシアーノ銀行は、株主構成を出資比率でみると、ポポラーレ・ディ・ミラノ銀行（Banca Popolare di Milano）が 20％、国立労働銀行（Banca Nazionale del Lavoro）、イタリア動産銀行（Istituto Mobiliare Italiano）、サン・パオロ・ディ・トリノ銀行（Istituto Bancario San Paolo di Torino）の 3 行が各 16.6％、サン・パオリ・ディ・ブレシア銀行（Banco San Paoli di Brescia）、農業銀行（Banca Agricola）、クレディット・ロマニォーロ（Credito Romagnolo）の 3 行が各 10％となり[107]、頭取にはサン・パオリ・ディ・ブレシア銀行副会長の G・バゾーリ（Giovanni Bazoli）が就任した。

第 2 節　イタリア監督当局の対応

　母国監督当局であるイタリア銀行およびイタリア財務省は、新アンブロシアーノ銀行による債務継承を通じて、アンブロシアーノ銀行の債務を全額弁済するスキームを採用したほか、株主についても、アンブロシアーノ銀行の株式を新アンブロシアーノ銀行が発行する株式引受権と交換する形で救済した[108]。一方、アンブロシアーノ・ホールディングの債務については、イタリア銀行およびイタリア財務省は、アンブロシアーノ銀行の債務承継とは切り離したため、イタリア銀行およびイタリア財務省が全く関与しない形で清算配当に委ねられることになった。

　このため、アンブロシアーノ・ホールディングに対して総額 6 億ドルの債権を持つ各国の金融機関約 120 行から構成される債権銀行団（ミッドランド銀行とナショナル・ウェストミンスター銀行が調整役に就任）は、アンブロシアーノ銀行の清算人とイタリア銀行およびイタリア財務省に対して、アンブロシアーノ銀行と同様に債務を肩代わりするよう求めた。

　これに対し、イタリア銀行およびイタリア財務省は、①アンブロシアーノ・ホールディングは、イタリア財務省、イタリア銀行の管轄外にあり、イタリア財務省、イタリア銀行とも監督権限が及ばなかったこと[109]、②アンブロシアーノ・ホールディングは銀行ではなく、「バーゼル・コンコルダット」で想定しているような銀行監督の対象ではなかったこと[110]、を理由に母国監督当局としての責任を認めず、債務を肩代わりする求めに応じなかった。

　最終的には、イタリア銀行およびイタリア財務省が資金負担をともなう債務肩代わりに応じない一方、ヴァチカン銀行が道義的な責任から 2.5 億ドルの資金を提供したうえで、総額 6 億ドルのうち 4 億ドルが債権銀

第 5 章 「バーゼル・コンコルダット」の改訂

行団に清算配当される形で決着した[111]。

イタリア銀行およびイタリア財務省のこうした対応については、アンブロシアーノ銀行の経営破綻後約 2 年経過した 1984 年 9 月にローマで開催された第 3 回国際銀行監督者会議において、イタリア銀行の銀行監督局長 V・デザリオ（V. Desario）が次のように事情を説明しており、親銀行所在の母国監督当局の立場にあったイタリア銀行としては、ルクセンブルグ所在のアンブロシアーノ・ホールディングの監督ができなかった実態を伝えている。

「一般的に、イタリアの銀行は、親銀行として出資ないしはコントロールする持株会社をルクセンブルグに設立して、その持株会社を通じて、間接的な形で国外における銀行業務や資本参加を行う企業構造を選択する傾向がある。

ルクセンブルグに持株会社を設立して国外に進出するのは、税制面で優遇措置が図られ、外国為替管理も存在しないという業務上の有利さが存在するからである。

しかしながら、イタリアの監督当局の立場からみると、こうしたイタリアの銀行の選択は、持株会社そのものとその持株会社が設立する子会社の双方の活動に対するコントロールを妨げる。まず、持株会社についてはノンバンクということで、設立されたルクセンブルグにおいても監督されないことになり、また、持株会社が設立する子会社については持株会社の存在が監督するうえで障壁になるからである。従って、イタリアの監督当局がどの程度介入できるかは、もっぱら親銀行から得られる情報に依存することになる」[112]

第3節　ルクセンブルグ監督当局の対応

　ルクセンブルグでは、アンブロシアーノ銀行が経営破綻した1982年当時、各国の銀行による小会社の設立が相次ぎ、英国（ロンドン）、フランス（パリ）とともに、ユーロ・カレンシー市場の1つとして発展していたが、設立された小会社は営業実体を伴わないものが多かった。

　このため、前節「イタリア監督当局の対応」で述べたが、アンブロシアーノ・ホールディングに対して総額6億ドルの債権を持つ各国の金融機関約120行から構成される債権銀行団も、アンブロシアーノ銀行の清算人とイタリア銀行およびイタリア財務省を相手取って、債務を肩代わりするよう求めたことからも明らかなように、アンブロシアーノ・ホールディングの経営実態から判断して、親銀行であるアンブロシアーノ銀行を監督する母国監督当局の立場にあるイタリア銀行およびイタリア財務省の責任を追及するというのが、アンブロシアーノ銀行が経営破綻した1982年当時の一般的な見方であったと解される。

　こうした1982年当時の一般的な見方を踏まえて、ルクセンブルグの銀行統制委員会は、①アンブロシアーノ・ホールディングは銀行ではなかったので、銀行監督の対象ではなく、「バーゼル・コンコルダット」が想定するケースには該当しなかったこと、②アンブロシアーノ・ホールディングの資金調達は実際にはアンブロシアーノ銀行の信用の下に行われていたことを理由に、受入国監督当局としての監督責任を認めなかった。

　もっとも、表8にみられるように、1970年代以降、イタリアの銀行に限らず、ドイツをはじめ各国の銀行がルクセンブルグに国外子会社を設立する動きが活発化した。ルクセンブルグにとっては、まさに外国の銀行の進出受け入れがユーロ・カレンシー市場として発展するうえで重要視され

第5章 「バーゼル・コンコルダット」の改訂

表8 ルクセンブルグに設立された銀行数の親銀行国籍の内訳

国名＼年	1970	75	80	82
ルクセンブルグ	14	12	12	13
ドイツ	3	16	29	30
フランス	4	5	6	8
イタリア	0	1	5	7
スイス	4	5	7	8
スカンディナビア諸国	0	3	14	14
米国	7	15	11	10
日本	0	2	4	4
その他の国	2	7	12	12
合弁（複数国）	3	10	11	9
合計	37	76	111	115

出所：*The Banker*[113].

ていた。このことから、ルクセンブルグ監督当局は、ルクセンブルグ進出を容認してきた各国監督当局と間で利害が対立するような事態を避けるよう努めてきた。このため、債権銀行団とアンブロシアーノ銀行の清算人とイタリア銀行およびイタリア財務省との交渉過程においても、ルクセンブルグ銀行統制委員会コミッショナーのP・ヤーンス（P. Jaans）は、「中

央銀行が無条件に銀行の損失を引き受けるべきとは考えていない」[114] と述べるなど、アンブロシアーノ銀行の清算人とイタリア銀行およびイタリア財務省の主張を婉曲的な形で擁護している。

　また、ルクセンブルグ監督当局に監督責任がなかっただけでなく、「バーゼル・コンコルダット」で示されている受入国監督当局として情報を提供する要請にも反していないことを強調するため、銀行統制委員会コミッショナーのヤーンス は、「1981年4月、ルクセンブルグは、『バーゼル・コンコルダット』の理念を遵守するために法律改正を行い、バランス・シートの資産サイドの情報に関しては親銀行から親銀行所在の母国監督当局に自由に報告できるようにした。引き続き、インターバンク預金を除く銀行預金については、守秘義務が残っているが、アンブロシアーノ・ホールディングのような持株会社の業務については、従来から守秘義務を定める法律はなかった。従って、アンブロシアーノは、極めて異例な事例である」[115] と発言している。

第4節　「バーゼル・コンコルダット」の限界

　まず、ルクセンブルグ監督当局の対応についてみる。1975年12月に採択された「バーゼル・コンコルダット」を当てはめてみると、第3章第3節「『バーゼル・コンコルダット』の概要」で示した表3のとおり、国外子会社の場合、支払い能力、流動性はともに、主たる監督責任は受入国監督当局が負うことになるが、アンブロシアーノ・ホールディングが銀行ではなかったことから、受入国監督当局の監督対象にならない。そのため、「バーゼル・コンコルダット」の想定外の事態になり、受入国監督当局の立場にあるルクセンブルグ銀行統制委員会が監督責任を負うケースには該当しなかったことになる。

第5章 「バーゼル・コンコルダット」の改訂

しかしながら、ルクセンブルグ監督当局に対する評価についてみる。主要なユーロ・カレンシー市場の1つでありながら、①事前のセイフティ・ネットとして、自国に進出してきた外国の銀行を受入国監督当局として十分適切に監督する能力を備えているのか、②事後的なセイフティ・ネットとして最後の貸し手機能を果たす能力を備えているのかという重大な懸念を国際金融界において抱かれることになった[116]。

次に、イタリア監督当局の対応についてみる。アンブロシアーノ・ホールディングの資金調達の実態として、アンブロシアーノ銀行の役職員が従事し、アンブロシアーノ銀行の信用で行われていたことは周知の事実であったことを考慮し、1975年12月に採択された「バーゼル・コンコルダット」を当てはめてみると、表3（第3章）のとおり、親銀行を監督する母国監督当局の立場にあるイタリア銀行およびイタリア財務省としては親銀行であるアンブロシアーノ銀行が道義的責任を負っていることを認識していなければならなかった。しかし、「バーゼル・コンコルダット」が示すのは、あくまで監督責任であり、最後の貸し手機能を発揮して経営破綻した銀行を救済ないしは債務を肩代わる責任を示すものではないことから、イタリア銀行およびイタリア財務省が債権銀行団から出されている債務肩代わり要求に応じる責任を負うものでもなかった。

しかしながら、イタリア監督当局に対する評価についてみる。自国の銀行の国際的な業務を十分適切に監督する能力を備えていないとの見方が強まったことから、その後、イタリアでは、①親銀行だけでなく、国外子会社も含むグローバル・ベースの連結財務諸表を作成すること、②企業構造を明らかにするために出資関係をディスクローズすることなどを義務づける法改正が行われ、イタリア銀行による銀行監督の能力を向上させることに力が注がれた[117]。

最後に、バーゼル銀行監督委員会に対する評価についてみる。もともと

「バーゼル・コンコルダット」では、銀行ではない持株会社を国外子会社として設立して、その持株会社の傘下に銀行の国外子会社を設立する、という複雑な企業構造を想定していなかったため、「バーゼル・コンコルダット」の「国際的な銀行業務を営むいかなる拠点も監督を免れてはいけない」という基本原則に反し、持株会社であるアンブロシアーノ・ホールディングが監督を免れていた事実は厳しく指摘されたのである[118]。

第 5 節　バーゼル銀行監督委員会の対応

1983 年 3 月に発行されたバーゼル銀行監督委員会の活動報告によると、バーゼル銀行監督委員会は、アンブロシアーノ銀行の経営破綻の直後に開催された会合を通じて、アンブロシアーノ銀行の経営破綻のインプリケーションを詳細に検討したうえで、75 年 12 月に採択した「バーゼル・コンコルダット」の内容に関して、銀行グループの企業構造の頂点ないしは内部にあるノンバンク持株会社や、その他の形態のノンバンク会社の位置づけを明確にしなければならないとの結論に達し、83 年半ばまでに成果をまとめることにした[119]とされている。

その後、1982 年後半から 83 年初にかけて、バーゼル銀行監督委員会は、75 年 12 月に採択した「バーゼル・コンコルダット」の改訂作業を続け、83 年 5 月に G10 中央銀行総裁会議の承認を得て、「改訂バーゼル・コンコルダット」（正式名は、"Principle for the Supervision of Banks' Foreign Establishments"）を取りまとめ、同年 6 月にはメンバー各国以外の諸国の銀行監督当局にも送付した[120]。

この間のバーゼル銀行監督委員会における議論については、バーゼル銀行監督委員会の議事録が現時点では公開されていないが、①バーゼル銀行監督委員会が発行している国際銀行監督者会議のための報告書、② 1984

第 5 章 「バーゼル・コンコルダット」の改訂

年 9 月にローマで開催された第 3 回国際銀行監督者会議議事録、③『バンカー』(*The Banker*)、『ユーロマネー』(*Euromoney*)、『ワールド・バンキング』(*World Banking*) など有力金融誌の報道内容や、クック議長をはじめとする関係者のインタビュー内容を踏まえると、イタリア、ルクセンブルグはともに、同年 12 月に採択された「バーゼル・コンコルダット」に基づく監督責任を十分に果たしていなかったと非難を応酬することを避けながら、「バーゼル・コンコルダット」では想定していなかった事態が発生したという認識を前提にして、アンブロシアーノ銀行の経営破綻の原因究明と再発防止策の検討を行ったと解される。

こうしたバーゼル銀行監督委員会の対応について、カプスタインは、次のように評価している。

「バーゼル銀行監督委員会は、1974 年以降定期的に会合を開き、意見交換を重ねてきたが、規制上の協調において成果がなく、銀行の国際的な活動に対する監督も強化されることはなかった。コンコルダットの弱点は、アンブロシアーノ銀行の経営破綻〔82 年 7 月〕、第三世界の累積債務問題〔同年 8 月のメキシコのデフォルト以降顕現化〕、BCCI の経営破綻〔91 年 7 月〕の事例によってあまりにも明らかにされた。従って、バーゼル銀行監督委員会は紳士の集まるクラブに過ぎなかった」[121]

しかしながら、バーゼル銀行監督委員会の起源を考えると、初代議長ブランデンは、第 1 回会合の冒頭で次のように述べている。

「当委員会は、メンバー各国の監督手法を統一するというような遠大な試みに取り組むことを意図している訳ではない。ある特定の監督手法

89

を各国共通のものとして採用するよう中央銀行総裁会議に勧めることもあり得ようが、各国が監督の分野でお互いの経験を学び合うことを意図している。また、他国の監督手法に関して疑問や批判があれば、それを率直に表明することも意図している。そして、当委員会としては、対外的または国際的な市場に影響を及ぼすような問題に集中して取り組む」[122]

このことから、バーゼル銀行監督委員会の起源を考えても明らかなように、当時のバーゼル銀行監督委員会を通じた国際協力は、銀行監督における政策協調ではなく、銀行監督に関する意見交換・情報共有を目指していたものと位置づけられる。また、アンブロシアーノ銀行の経営破綻を契機に再びユーロ・カレンシー市場をはじめとする国際金融システムに混乱がもたらされた際にも、バーゼル銀行監督委員会を通じて、イタリアとルクセンブルグの間の事後処理をめぐる二国間調整にとどまらず、原因究明と再発防止策をめぐる多国間調整が行われたことは、バーゼル銀行監督委員会の存在なくしては達成されなかった成果として評価される。

なお、こうしたバーゼル銀行監督委員会の対応に関する当時の国際金融界の受け止め方について、『ユーロマネー』は、「バーゼル委員会とコンコルダットは初めての試験に失敗した。しかし、ほとんど銀行家は、バーゼル委員会とコンコルダットがなかったら、世界はもっともっと危険な場所になると信じている。各国の中央銀行総裁が最後の貸し手機能に関して、今とは違う形で、オリンピアの神々が下すような素晴らしい宣言をするまでの間は、これからも銀行家は〔バーゼル委員会とコンコルダットの枠組みによって行われる〕銀行監督にすがりつくしかないであろう」[123]と報じている。

第5章 「バーゼル・コンコルダット」の改訂

第6節　改訂をめぐる主要な論点

　まず、第一の論点に関しては、1975年12月採択の「バーゼル・コンコルダット」は、表3にみられるように、監督責任の分担について、国外支店の支払い能力を除き、受入国監督当局が主たる責任を負うとの原則を示していた。それに対し、第4章第4節「バーゼル銀行監督委員会の主要な成果」で述べたように、(1) 78年10月作成の "Consolidation of banks' balance sheets: aggregation of risk-bearing assets as a method of supervising bank solvency"、(2) 79年3月作成の "Consolidated supervision of banks' international activities"、(3) 79年11月作成の "Treatment of minority participations in the consolidation of banks' balance sheets"、という「バーゼル・コンコルダット」採択後にバーゼル銀行監督委員会が作成した3つの文書は、いずれも連結ベースの銀行監督の有効性を強調するものであり、国外進出拠点の形態を問わず、親銀行による連結財務報告に基づいて母国監督当局が監督することが効果的な監督につながるという認識に立っていた。このことから、連結ベースの監督を前提とせず、受入国監督当局の責任を重視する考え方と連結ベースの監督を前提として母国監督当局の責任を重視する考え方が並立する中でいずれの考え方を優先するかが、バーゼル銀行監督委員会として調整を図るうえで最大の論点であった。

　第二の論点は、1975年12月採択の「バーゼル・コンコルダット」では明示されていなかったが、監督責任を分担することになる受入国監督当局ないしは母国監督当局による銀行監督が適切に行われていない場合はどうするのかという問題があった[124]。この問題は、82年7月にアンブロシアーノ銀行が経営破綻した際に顕現化したが、R・デール（Richard

Dale)[125] によると、79 年の時点で、米国の連邦準備制度は受入国監督当局の立場から、米国に進出している外国の親銀行に関して母国監督当局の監督が適切に行われていない国が存在すると判断し、外国の銀行の米国内にある進出拠点に対して親銀行の経営状態および財務状態について報告を要求した経緯があるという。また、デールによると、これに対し、バーゼル銀行監督委員会に参加するメンバー各国を含む複数の国が、米国の要求する報告内容は親銀行の経営状態および財務状態に関するものであることから、「バーゼル・コンコルダット」の原則に基づけば、「受入国監督当局は、子会社、合弁会社に対して主たる監督責任を負うが、親銀行に対しては監督責任を負っていない」と強く抗議し、最終的には米国の連邦準備制度が要求を緩和する形で決着した経緯があった、という。このように各国監督当局の間には、銀行監督の実態をめぐって適切かどうかという質的な相違があり、銀行監督が適切でない国が存在した場合の問題点は、82 年 7 月のアンブロシアーノ銀行の経営破綻以前からも指摘されていたことである。

　第三の論点は、1975 年 12 月採択の「バーゼル・コンコルダット」では、事前の破綻防止策としての監督責任と事後的な破綻処理策としての最後の貸し手機能の関係が明示的に峻別されていなかったことである。このため、アンブロシアーノ銀行の経営破綻に際しても、主たる監督責任を負う国の中央銀行が、最後の貸し手機能を発揮すべきであるとの要求が債権銀行団からなされた。こうした要求に対し、イタリア中央銀行およびイタリア財務省、ルクセンブルグ銀行統制委員会およびルクセンブルグ政府はいずれも、ルクセンブルグ所在のアンブロシアーノ・ホールディングは銀行ではないので、最後の貸し手機能を発揮する責任はないとして要求に応じなかった。仮に、このアンブロシアーノ・ホールディングが銀行であったら、主たる監督責任を負う国の中央銀行は、最後の貸し手機能を発揮すべきかどうか、という問題は未解決な状態にあった。

第5章 「バーゼル・コンコルダット」の改訂

第7節　改訂内容の特徴

　1975年12月採択の「バーゼル・コンコルダット」は、アンブロシアーノ銀行の経営破綻を受けて改訂作業が行われ、83年5月に作成された文書（"Principles for the supervision of banks' foreign establishments"）に置き換えられる形で改訂された。

　改訂内容をみると、前節で論じた3つの論点に対するバーゼル銀行監督委員会としての結論が盛り込まれたことに加え、ルクセンブルグ所在の国外子会社であるアンブロシアーノ・ホールディングが銀行でなかったために生じた銀行監督の隙間を埋めることも企図した。具体的には、企業構造にかかわらず、国際的な銀行業務を営んでいる銀行グループが銀行監督を免れるような事態の再発を防ぐため、銀行ライセンスの有無にかかわらず、持株会社をはじめとする複雑な企業構造を有する国際的な銀行グループを銀行監督の対象とすることが示された。

　まず、第一の論点である連結ベースの監督を前提とせずに受入国監督当局の責任を重視する考え方と、連結ベースの監督を前提として母国監督当局の責任を重視する考え方との間で調整を図ることに関しては、連結ベースの監督を前提のうえ、支払い能力、流動性、外国為替ポジションについて、母国監督当局の監督責任を重視する考え方を強調したことが、重要な改訂であった（表9参照）。内容については次の通りである。

（1）　支払い能力については、国外子会社の場合は共同責任、国外合弁会社、コンソーシアムの場合は協力義務があるという形で、母国監督当局の監督責任を強調した（国外支店の場合、従来から母国監督当局が主たる監督責任を負っていたため、改訂対象にならなかった）。

表9　母国監督当局と受入国監督当局の間における監督責任の改訂

	国外支店	国外子会社	国外合弁会社 コンソーシアム
支払い能力	○ 主たる監督責任は母国監督当局が負う。	○ 母国監督当局と受入国監督当局が共同で責任を負う。	○ 主たる監督責任は設立国監督当局が負う。 ○ 出資銀行の出資比率等によっては、母国監督当局も共同で責任を負う。
流動性	○ 主たる監督責任は受入国監督当局が負うが、母国監督当局もモニタリングすることが求められ、両国監督当局による緊密な協議が必要である。	○ 主たる監督責任は受入国監督当局が負うが、親銀行によるスタンド・バイ・ファシリティ等のコミットメントが存在する場合、母国監督当局との協力が必要になる。	○ 主たる監督責任は設立国監督当局が負うが、出資銀行の出資比率やコミットメント等によっては、母国監督当局との協力が必要になる。
外国為替ポジション	○ 受入国監督当局と母国監督当局が共同で責任を負う。 ○ 母国監督当局はグローバルなポジション、受入国監督当局および設立国監督当局はローカルなポジションを、それぞれモニタリングすることが求められる。		

資料：1983年5月に改訂された「バーゼル・コンコルダット」[126]に基づき著者作成。

(2)　流動性についても、国外支店、国外子会社、国外合弁会社、コンソーシアムのすべての場合に協力義務があるという形で、母国監督当局の監督責任を強調した。
(3)　外国為替ポジションついても、国外支店、国外子会社、国外合弁会社、コンソーシアムのすべての場合に共同責任があるという形で、

第 5 章 「バーゼル・コンコルダット」の改訂

母国監督当局の監督責任を強調した。

　もっとも、改訂に当っては、母国監督当局の責任を強調する一方で、受入国監督当局の監督責任が減じるものではないとしたことから、バーゼル銀行監督委員会は、1975 年 12 月公表の「バーゼル・コンコルダット」の「責任分担 (the division of responsibilities for supervision)」の考え方から「共同責任・重複責任（the joint and overlapping nature of parent and host authorities' supervisory responsibilities[127]）」の考え方に変更したと説明した。

　第二の論点となった入国監督当局ないしは母国監督当局による銀行監督が適切に行われていない場合はどうするのか、という問題について、受入国監督当局による監督が適切に行われていない場合、母国監督当局による監督が適切に行われていない場合の 2 つのケースを明示的に想定し、次のとおり具体的なアクション・プログラムを示した[128]。

（1）　国外進出拠点に対する受入国監督当局による監督が適切に行われていない場合、母国監督当局は、可能な限り母国監督当局による監督を行うか、母国監督当局の監督対象である親銀行に対して国外進出拠点の業務継続の禁止を命じる。

（2）　親銀行に対する母国監督当局による監督が適切に行われていない場合、受入国監督当局は、受入監督当局の監督対象である国外進出拠点に対して業務継続の禁止を命じる、ないしは条件を設定する。

　第三の論点となった事前の破綻防止策としての監督責任、事後的な破綻処理策としての最後の貸し手機能の関係については、バーゼル銀行監督委員会が改訂した「バーゼル・コンコルダット」では、銀行の国外進出拠点

の業務が慎重に行われ、健全性を損なわないよう監視するために各国の銀行監督当局によって果たされるべき責任をもっぱら取り扱ったものであり、中央銀行によって果たされる最後の貸し手機能には結びつかないことが明示された[129]。

さらに、これまで議論されていなかったが、バーゼル銀行監督委員会が想定していなかった銀行の企業構造の問題にも、改訂に際して明確な考えを示した。その考えとは、持株会社をはじめとする複雑な企業構造をもつ国際的な銀行グループを銀行監督の対象にすることに関しては、次のとおり、4つの企業構造を例示して、国際的な銀行グループが銀行監督を免れることがないように注意を促すことであった[130]。

(1) 国際的な金融システムにおいて相当規模の債務を負うようなノンバンクの持株会社が企業構造の下で最上位ないし中間に存在する事例。
(2) 持株会社がグループ内において銀行子会社を抱える企業構造の下で最上位に存在する事例
(3) 持株会社が銀行を最上位とする企業構造の下で中間に存在する事例。
(4) 銀行とノンバンクを抱えるような企業構造のグループが存在する事例。

第8節 改訂内容の評価

1983年5月に改訂された「バーゼル・コンコルダット」について、ベーカーは、①75年12月に採択された「バーゼル・コンコルダット」と同様、バーゼル銀行監督委員会において合意した基準にすぎず、法的拘束力はな

第 5 章 「バーゼル・コンコルダット」の改訂

く、実際に採用するかどうかはメンバーである G10 諸国を含めて各国の裁量に任されていたこと、②採用されたとしても、採用した国による銀行監督が適切に行われているかどうかの判断基準が明確ではなく、適切でないと判断した場合の対応をめぐって当事国間の利害の対立が生じる可能性があるにもかかわらず、対応策が示されていなかったこと、③銀行業務に関する守秘義務の存在と会計基準の各国間の相違という技術的な障害が取り除かれていなかったこと、④国際的な協力の前提となる各国銀行監督当局相互の二国間の協力関係が整っていなかったこと、⑤システミック・リスク管理の観点からは、事前的な監督責任と事後的な最後の貸し手機能は一体をなしており、監督責任と最後の貸し手機能を切り離しても問題の解決にはならなかったこと、を問題点として指摘している[131]。

しかしながら、①から④の問題点については、1983 年 5 月の「バーゼル・コンコルダット」の改訂に至る議論をリードしたクック議長が 84 年 9 月にローマで開催された国際銀行監督者会議の席上、「コンコルダットは、法的な拘束力を有するものでない。コンコルダットは、単一の法的システムを前提とした規定によって統治されることのない国際的な銀行業務が行われる市場において実施されるべき監督に関する規範である。従って、法的な拘束力を有しないことを理由に、〔各国監督当局が〕コンコルダットに示された原則にコミットすることの意味が減じるものとは考えるべきではない」[132] と発言していることを踏まえると、当時のバーゼル銀行監督委員会のアプローチは、国際条約の締結や国際的な監視組織の設立を通じた政策協調のための国際協力ではなく、各国が金融機関の健全経営確保のために自国の銀行監督手法に関して意見交換を行い、その成果をベスト・プラクティス・ペーパーの形で情報共有するものであったことから、解決すべき問題点ではなく、前提条件として位置づけるべきである。

また、⑤の問題点については、銀行監督、最後の貸し手機能とも、プルー

デンス政策として重要な構成要素となるが、銀行監督、最後の貸し手機能の担い手が明確な国内的な次元においても、銀行監督は、事前的な措置という性格に加え、金融機関の経営および財務の状態を監視して金融機関の倒産リスクを管理するというミクロ・プルーデンス政策である。これに対し、最後の貸し手機能は、事後的な措置という性格に加え、金融市場全体の動向を監視してシステミック・リスクを管理するマクロ・プルーデンス政策であることから、監督責任と最後の貸し手機能を切り離すことは、それ自体がプルーデンス政策の機能を損なうことにはならない。従って、銀行監督、最後の貸し手機能の担い手が明確ではない国際的な次元において、監督責任と最後の貸し手機能を切り離したうえで、監督責任、最後の貸し手機能のそれぞれについてどの国がどのような形で担うことになるのかは、「バーゼル・コンコルダット」のようなベスト・プラクティス・ペーパーであらかじめ定めるものではなく、ケース・バイ・ケースで個別具体的に解決していくべきものであると解される。また、1975年12月の「バーゼル・コンコルダット」を採択したときとは異なり、83年5月の「バーゼル・コンコルダット」に改訂したときには、支払い・決済システム委員会が設立されており、最後の貸し手機能の問題は意見交換・情報共有という国際協力の形で支払い・決済システム委員会がマクロ・プルーデンスの問題として取り扱う体制が整っていたことになる。

第 6 章

銀行の自己資本に関する合意

1980年代後半の国際金融は、80年代前半の発展途上国における対外債務危機と先進国における金融機関の不良債権増加にともなう経営悪化という、コインの裏表となる金融システムの問題処理に追われることで特徴づけられる。このため、バーゼル銀行監督委員会では、金融機関におけるカントリー・リスク管理の在り方という観点から国際的な貸出にともなう信用リスク管理の問題に取り組むことになった。

　信用リスク管理においては、期待損失に対して貸倒引当金を積む形で負担する一方、非期待損失に対しては自己資本を充当する形で備えることが求められることから、バーゼル銀行監督委員会メンバー各国とも、1980年代後半に入ると、各国間で制度の相違はあるにせよ、自国の金融機関の経営改善を促すために、貸倒引当金積み増しとともに自己資本の充実を図るという課題に取り組むことになった。特に、バーゼル銀行監督委員会メンバー各国の中でも、米国は自国の金融機関がラテン・アメリカ諸国向けに多額の債権を抱えていたことから、自国の金融機関に対して貸倒引当金積み増しと自己資本の充実を求めることが急務となったが、それと同時に米国の銀行監督当局は自国の金融機関が貸倒引当金積み増しと自己資本の充実にともなう負担から国際競争力を低下させることを懸念した。このため、米国は、バーゼル銀行監督委員会を通じてメンバー各国が足並みを揃えて、貸倒引当金積み増しと自己資本の充実を図るよう働きかけることになった。

　そして、銀行の自己資本に関する合意において、各国における金融機関の健全経営を確保するためだけでなく、各国間における金融機関の競争条件の平準化を図るため、意見交換・情報共有という伝統的な国際協力にとどまらず、ベスト・プラクティスを映じた事実上の国際基準を策定して政策協調を推進するという新しい国際協力に踏み切ることになった。

第 6 章　銀行の自己資本に関する合意

第 1 節　1970 年代の検討

　銀行の自己資本に関しては、バーゼル銀行監督委員会創設当時から、銀行の支払い能力に関する問題として、銀行の流動性ポジション、外国為替ポジションに関する問題とともに、銀行監督の構成要素の中でも最も重要視されてきた経緯がある。

　まず、1975 年 2 月に開催された第 1 回会合においてすでにブランデン議長が今後取り組むべき課題として、「バーゼル・コンコルダット」の採択につながっていく銀行の国外支店、国外現地法人、国外合弁会社の監督責任の分担と情報交換に関する合意形成に加えて、銀行の自己資本の定義および様々なタイプの銀行の自己資本の役割に関する意見交換・情報共有を挙げており、バーゼル銀行監督委員会が創設当初から銀行の自己資本の問題に取り組んでいたことが分かる。

　第 1 回会合における議論[133]をみると、ブランデン議長が会合冒頭に「本委員会の主たる目的は銀行が支払い能力（solvency）と流動性（liquidity）を確保するよう促すことである」と発言したうえで、バーゼル銀行監督委員会事務局が会合に先立ってまとめたメンバー各国における銀行の自己資本充実度を測定する方法に関する調査結果に対してメンバーの意見を求めた。これを受けて、イングランド銀行の R・D・ギャルピン（R. D. Galpin）は、銀行の自己資本充実度を測定する方法がメンバー各国間で区々となっている調査結果を踏まえて、「リスク資本（risk capital）、自己資本（own funds）、投資資本金（capital liabilities）など様々な名称で呼ばれているものの、定義と計測に関してメンバー各国にどのような違いがあるのか、追加的な情報を得ることは有益であり、本委員会における今後の課題として取り上げてはどうか」との意見を表明し、連邦準備制度

のデールが「米国にとっても重要な問題であり、この問題について議論をすることに連邦準備制度も強い関心を抱いている」とギャルピンの意見を支持している。次いで、ギャルピンは、「イングランド銀行は、1974年7月に導入した監督体制の強化に際し、銀行から徴求する報告内容を増やすとともに、報告頻度を高めることにしたが、その報告内容には流動性比率や不良債権引当比率と並んで、負債ではない資金比率（free resources ratios）も含まれている」と調査結果の内容を補足する発言を行って、銀行の自己資本に関する追加的な情報の提供に前向きなイングランド銀行の姿勢を示している。そして、第1回会合の最後に、ブランデン議長が「EC監督当局コンタクト・グループにおいて議論が行われない場合に限って、本委員会において銀行の自己資本の定義および様々なタイプの銀行の自己資本の役割に関する議論を行う」という条件付きながら検討を進める方針を示している。

このように当時の英国は、イングランド銀行幹部でもあるブランデン議長とイングランド銀行のギャルピンが連携する形で、EC監督当局コンタクト・グループにおける検討作業と齟齬を来さないようにしながらも、バーゼル銀行監督委員会においても銀行の自己資本に関する問題が取り上げられる素地を形成しようとしていたことは明らかであり、イングランド銀行が「バーゼル・コンコルダット」の採択にとどまらず、銀行の自己資本に関する議論においても主導権を発揮していたことを物語っている。また、バーゼル銀行監督委員会事務局が作成した各種資料がイングランド銀行の意向を反映する形で、バーゼル銀行監督委員会の議論を方向づける役割を果たしていたことも指摘できる。なぜならば、バーゼル銀行監督委員会事務局が作成した資料は、その多くがバーゼル銀行監督委員会のメンバーが提案したものではなく、ブランデン議長が議長としての暗黙の権限でバーゼル銀行監督委員会の会合に先立ち、バーゼル銀行監督委員会に対

第6章　銀行の自己資本に関する合意

表10　メンバー各国における銀行の自己資本規制 [134]

ベルギー	資産のカテゴリーに応じて所要自己資本比率（0.2％、1％、5％など）が規定され、その合計が最低所要自己資本額とされる。
カナダ	自己資本充実度に関する規制上の要求基準はない。
フランス	銀行の経営状態および規模に応じて最低所要自己資本額が規定されている。
ドイツ	リスク・ウェイト（0％、20％、50％、100％）に応じてリスク資産を合計したものが自己資本額の18倍を上回らないこと（リスク・アセット・レシオに換算すると5.55…％）が規定されている。
イタリア	自己資本充実度に関する規制上の要求基準はない。
日本	預金に対して10％の自己資本比率が求められているが、ほとんど銀行が達成できていない。
ルクセンブルグ	預金に対して3％以上の自己資本比率が求められているが、銀行統制委員会の権限で10％を上限に引き上げることが可能となっている
オランダ	資産のカテゴリーに応じて所要自己資本比率（0％、2 1/2％、3 1/3％、5％、10％、15％など）が規定され、その合計が最低所要自己資本額とされる。
スウェーデン	資産のカテゴリーに応じて所要自己資本比率（0％、1％、4％、8％）が規定され、その合計が最低所要自己資本額とされる。
スイス	債務のカテゴリーに応じて所要自己資本比率（2 1/2％、5％、10％、8％）が規定され、その合計が最低所要自己資本額とされる。
英国	自己資本充実度に関する規制上の要求基準はないが、債務に対して10分の1の自己資本を備えること（自己資本比率に換算すると、債務に対して10％）が通常の金融機関の健全度を測る指標として銀行監督当局によって用いられている。
米国	自己資本充実度に関する規制上の要求基準はない。

資料：バーゼル銀行監督委員会事務局の調査結果。

して取りまとめを指示しているからである。もっとも、そうしたバーゼル銀行監督委員会事務局が作成した資料は、議長提案や合意のたたき台ではなく、意見交換・情報共有の範囲内に限ったメンバー各国の現状に関する調査結果に止まるものである。従って、資料を作成する経緯は明らかではないが、メンバーにとっては、異論を唱える余地がなかったと解される。

その後、バーゼル銀行監督委員会における銀行の自己資本に関する議論は、1975年4月に開催された第2回会合では、表10のように、バーゼル銀行監督委員会事務局が取りまとめたメンバー各国における銀行の自己資本規制に関する調査結果が提出された。しかしながら、第2回会合では、①メンバー各国の第1回会合以降の銀行の規制監督に関する状況報告、②早期警戒システムに関する議論、③外国為替ブローカーと銀行の状況に関する議論に時間が費やされたため、銀行の自己資本規制に関する議論は行われなかった。

そのため、第3回会合（1975年6月開催）以降に議論が持ちされる形で継続され、第5回会合（75年12月開催）ではEC監督当局コンタクト・グループが作成した「自己資本の定義と劣後債務の取扱い」と題する調査資料[135]の内容に基づいてルクセンブルグのシュミット（Schmit）が報告している。報告内容は、EC域内諸国における自己資本の定義と劣後債務の状況を調査して取りまとめたものであり、ベルギー、デンマーク、アイルランド、オランダ、英国では劣後債務が自己資本の構成要素として認められているのに対し、ドイツ、イタリア、ルクセンブルグでは認められていないことが明らかにされている。これを受けて、ブランデン議長は、EC域内諸国以外のバーゼル銀行監督委員会メンバーに対し、劣後債務の取扱いに関する情報を提供するよう求め、第6回会合（76年3月開催）で、その提供された結果の取りまとめがフィードバックされた。しかしながら、第7回会合（76年6月開催）では、銀行の国外支店の規制上の取り扱い

第 6 章　銀行の自己資本に関する合意

をめぐる議論の中で、持ち込み資本（endowment capital）を要求しているかどうかに関する意見交換に強い関心が寄せられた[136]ため、劣後債務の取扱いに関する意見交換は第 8 回会合（76 年 10 月開催）に持ち越されることになった[137]。そして、第 8 回会合では、劣後債務を認めていないドイツの M・シュナイダー（M. Schneider）が「他国において劣後債務が認められていることを背景に、ドイツの銀行がドイツ国内においても認められるように強く働きかけている。個人的には、こうした動きを残念に思っている。ついては、劣後債務に関するバーゼル銀行監督委員会としてのペーパーを対外的に発表する場合は、制限的な条件、注意点、自己資本としての利用可能性を強調すべきである」と主張し、シュナイダーの主張をドイツと同様に劣後債務を認めていないフランスの J・ボナルダン（J. Bonnardin）だけでなく、劣後債務を認めているベルギーの H・ベイエンス（H. Baeyens）、オランダの H・J・ムラー（H. J. Muller）、英国のクックも支持したことから、最終的に、第 8 回会合の閉会に際し、ブランデン議長が、①劣後債務に関するバーゼル銀行監督委員会がまとめたペーパーは、バーゼル銀行監督委員会内部限りのペーパーとして扱うこと、②自己資本の定義と劣後債務の取扱いに関する議論は次の第 9 回会合（77 年 3 月開催）以降は取り上げないこと、を結論とした[138]。もっとも、こうしてブランデン議長が結論を下して以降、銀行の自己資本に関する議論は、EC の銀行の自己資本に関する統一基準の策定作業が進展していることから、ブランデン議長は EC の銀行の自己資本に関する統一基準の策定作業が進展するのを待って、バーゼル銀行監督委員会の検討作業もそれとの平仄をとって進めるため、EC の議論を見守ろうとしたものと解される。

　この間、1975 年 12 月に G10 中央銀行総裁会議で承認された「バーゼル・コンコルダット」の中では、母国監督当局と受入国監督当局の間にお

ける監督責任の分担を示される中で、支払い能力を構成する銀行の自己資本の定義にはいっさい触れないまま、国外支店の支払い能力に関しては母国監督当局の監督責任を負う一方、国外子会社および国外合弁会社の支払い能力に関しては受入国監督当局が監督責任を負うこととされた。そして、83年5月の「バーゼル・コンコルダット」の改訂に際しても、母国監督当局による連結ベースの銀行監督に重点を置く形で責任分担が見直され、国外子会社および国外合弁会社・コンソーシアムの支払い能力に関しては受入国監督当局と母国監督当局が共同して監督責任を負うこととされたが、銀行の自己資本の定義にはいっさい触れない扱いは同様であった。

第2節　ECの統一規則の策定作業

EC監督当局コンタクト・グループとEC銀行アドバイザリー委員会は、1977年に採択した第一次銀行指令（First Banking Co-ordination Directive）に基づいて、銀行の自己資本の定義や自己資本比率の算定方式を含めてEC域内の銀行監督に関する規則の統一化に取り組んでおり、その一環として、①リスク・アセット、②総資産、③固定資産、④大口信用、という4つの指標に対する自己資本比率を観測比率(observation ratios)として統一的に採用し、81年3月末時点の計数に基づいて試行的な算定を実施した。

この間のEC域内の事情について、ルクセンブルグ銀行委員会のヤーンスは、1979年7月にロンドンで開催された第1回国際銀行監督者会議の席上、過去における貸し倒れにともなう損失の実績がそれほど異ならないドイツ、スイス、デンマーク、イタリア、ルクセンブルグの5カ国を比較して、バランス・シート全体を分母として算定する最低所要自己資本の比率は、ドイツ3.5％、スイス8％、デンマーク7.4％、イタリア2.5％、

第 6 章　銀行の自己資本に関する合意

ルクセンブルグ 2.9% と大幅に異なっている事実を指摘したうえで、①国際的な業務を行う銀行に対して特定水準の自己資本比率を設定するには説得力がある方向を示し得ないこと、②自己資本充実度を評価する場合、貸出先となる国や産業の分散といった観点から国際的な貸出金ポートフォリオの質と構造を考慮すべきであること、③国際的な貸出競争の激化にともない、各国銀行はプルーデンスから乖離する形で収益性を低下させながら資産規模を拡大していることを強調[139]しており、銀行の自己資本の定義や自己資本比率の算定方式をはじめとする EC 域内の銀行監督に関する規則の統一化は緒に就いたばかりであったことが分かる。もっとも、ドイツのブンデスバンクのブルガー（Bürger）が、「現時点では、銀行の自己資本に関する考え方が各国で大きく異なっていることから、国際的な業務を行う銀行に対して共通に適用する形で自己資本比率を定めることは可能ではないが、銀行の自己資本に関する考え方がもっと歩み寄る形で一致してくるようになれば、拘束力ある形で一定の自己資本比率を設定することが可能になる」[140]と、EC 域内の統一化を期待する方向でヤーンスより踏み込んだ発言を行っていることは注目に値する。すなわち、こうしたブルガーの発言は、ドイツの多くの金融機関が税制上の特典だけでなく、最低所要自己資本比率を含め、銀行に対する規制・監督上の負担が相対的に軽いことを理由にルクセンブルグに現地法人を設立している事情を踏まえている、と解される。

　EC の銀行の自己資本に関する統一規則の策定作業は、その後も、EC 監督当局コンタクト・グループと EC 銀行アドバイザリー委員会を通じて継続されたが、オランダ銀行のコルゲ（Colje）が 1981 年 9 月にワシントン D.C. で開催された第 2 回国際銀行監督者会議の席上でも強調している[141]ように、バーゼル銀行監督委員会における検討作業と平仄をとりながら進められた。ただ、EC 域内各国の銀行の自己資本比率の試行的な算

定を繰り返し実施した点では、バーゼル銀行監督委員会における検討作業よりもECの検討作業が先行していたことになる。

さらに、1983年にはEC域内各国の自己資本の定義を比較しながら、自己資本の定義についても統一化する作業を開始し、自己資本の構成要素について「内部的な要素」と「外部的な要素」に分けて、各国の異なる自己資本の構成要素を幅広く取り込む試みに着手した[142]。「内部的な要素」と「外部的な要素」は、その後バーゼル銀行監督委員会における銀行の自己資本に関する合意では、基本的項目と補完的項目として自己資本の構成要素として認められることになった。そして、最終的には、EC域内の統一規則として、バーゼル銀行監督委員会が取りまとめた銀行の自己資本に関する合意と同じ内容のソルヴェンシー・レシオ指令（Solvency Ratio Directive）と自己資本指令（Capital Adequacy Directive）を取りまとめたことから、ECにおける検討作業がバーゼル銀行監督委員会における検討作業に先行しながら、最終的に平仄をとっていたことが確認できる。

第3節　英米による主導権発揮

1987年12月の銀行の自己資本に関する合意については、前節で述べたとおり、ECメンバー国がEC域内の銀行監督に関する規則の統一化の一環として自己資本比率規制の導入に取り組み、そのことが素地になっていた。しかし、87年1月の英米両国によるリスク・アセット・レシオに基づく自己資本比率規制に関する共同提案が、ECメンバー国に加えて日本にも受け入れさせる形で、バーゼル銀行監督委員会において政策協調としての合意形成に結び付けた推進力となったのである。

こうした英米両国の銀行監督当局によるリスク・アセット・レシオに基づく自己資本比率規制に関する共同提案に至った背景については、カプス

第 6 章　銀行の自己資本に関する合意

タインをはじめ多くの先行研究が、英国と米国が自国の金融機関の利益を代弁する形で、日本の金融機関のプレゼンス向上に対抗するために協調したものである、と第一義的に位置づけている。しかし、それは、英米両国それぞれの国内事情として、自己資本規制強化の動きが規制監督上の目的から独自に実施されていたことが、基本的な背景となっていたのである。ただ、そのままでは自国の金融機関が競争に不利になってしまう状況に置かれていたことから、日本にも政策協調を求めたのであり、日本の金融機関のプレゼンス向上に対抗する目的はあくまで副次的なものである、と解すべきである。

　そこで、英米両国が規制監督上の目的から国内における自己資本規制強化の動きに至った背景についてみる。まず英国においては、米国より先行して、1975 年 10 月以降自己資本充実度を測る尺度としてリスク・アセット・レシオを採用していたが、自己資本比率に一律の所要最低水準を設けるための規則を導入するのではなく、銀行ごとに遵守すべき自己資本比率の水準を提示し、それを遵守するよう裁量的に指導を行っていた。こうした銀行ごとに遵守すべき自己資本比率の水準を提示し、それを遵守するよう裁量的に指導するという英国の方法については、バーゼル銀行監督委員会議長でもあったイングランド銀行のクックが、「我々は銀行の自己資本に関する規制においては柔軟性のない規則を好まない。その代わりに、民間金融機関の経営者自身が収益を上げるために十分慎重に対応することを怠った時に、監督当局として個別の措置を要求することが必要と考えている」[143] と表明している。このように英国の方法は、個別金融機関の収益力や資産内容の差異を考慮した裁量的な規制監督であり、EC 域内で共通の規則採用に取り組んでいた動きとは異なっていたことになる。しかしながら、77 年の第一次銀行指令の採択以降 EC 域内で共通の規則作りの動きが始動した以上、英国としても、その動きには抗えないことを認識

し、その動きの中で自国の銀行が国際競争上不利になる事態を回避する立場に傾いていったと解される。

そこで、銀行の自己資本に関する規制に関して英国が実施していた裁量的な規制監督とECが取り組んでいた共通の規則に基づく規制監督を比較すると、英国が実施していた裁量的な規制監督はイングランド銀行が受入国監督当局として母国監督当局からの情報提供に基づいて監督責任を負うというホスト・カントリー（host country、受入国監督当局による監督）主義に親和性がある一方、ECが取り組んでいた共通の規則に基づく規制監督は母国監督当局が親銀行本体に対し自己資本充実度に関する要件充足を求めて監督責任を負うホーム・カントリー（home county、母国監督当局による監督）主義に親和性がある。

従って、ホスト・カントリー主義に立つ英国としては、ホーム・カントリー主義の立場からEC域内の銀行監督に関する規則統一化を進める動きとは相容れない立場にあったが、EC域内の銀行監督に関する規則統一化にともなうホーム・カントリー主義がバーゼル監督委員会においても多数派になることを考慮して、英国同様とホスト・カントリー主義に立つ米国と連携することにより、ホスト・カントリー主義、ホーム・カントリー主義とも両立可能な形で自己資本比率規制を導入することを目指したと解される。

次いで、米国においては、1981年12月に分母を総資産とする自己資本比率に関するガイドラインを導入した。それまでの間も、銀行監督の上では銀行の自己資本充実度を重視してきた。ただ、81年12月のガイドライン導入までの間は、自己資本比率が一定の水準を上回ることを規制としては採用してこなかった。

また、1981年12月のガイドライン導入に際しては、自己資本比率が一定の水準を上回ることを求める規制の対象は地方銀行（regional banks）

第 6 章　銀行の自己資本に関する合意

と地域銀行（community banks）とされ、地方銀行の場合、一次資本比率の最低所要水準が 5%、総資本比率の最低所要水準が 5.5%、地域銀行の場合、一次資本比率、総資本比率とも最低所要水準が 6% に設定された。一方、国際的な銀行業務を営むマネー・センター・バンクは従来同様個別銀行ベースで裁量的な規制監督が行われた。その理由について、米国連邦準備制度のデールが「ガイドラインが導入された時、多国籍銀行組織（multinational banking organizations）である 17 行に対しては自己資本比率の最低所要水準が設定されなかった。その理由は、当時の 17 行のうち多くは一次資本比率が 5% を下回っており、すぐに 5% を上回る水準まで改善することは現実的ではなかったからである。」[144] と米国の国際的な銀行業務を営むマネー・センター・バンクの事情を説明している。

　しかしながら、米国内における銀行間相互の競争条件の均衡を図るため、1983 年 6 月以降、国際的な銀行業務を営むマネー・センター・バンクに対しても自己資本比率が一定の水準を上回ることを求める規則が導入され、地方銀行と同様に、一次資本比率の最低所要水準が 5%、総資本比率の最低所要水準が 5.5% に設定された。さらに、85 年 4、5 月にガイドラインとする自己資本比率の最低所要水準を引き上げ、86 年 1 月にはリスク・アセット・レシオに基づく自己資本比率規制を米国の銀行に対し提案した時点で、米国は自国の銀行が国際的な競争上不利になる事態を回避する目的から、自己資本比率規制を国際的に統一するために主導権を発揮することに踏み切ったことになる。

　このように米国の場合、まずは国内の事情として地方銀行、地域銀行に対しては自己資本充実度に関して裁量的な規制監督よりも一定の水準を設定した規則に基づく規制監督の方が望ましいと判断し、その後、国内における競争条件の均衡を図るため、マネー・センター・バンクに対しても一定の水準を設定した規則に基づく規制監督の対象とした段階で、米国のマ

ネー・センター・バンクの国際的な競争条件の均衡を図る必要が生じた。従って、このことが、米国が主導権を発揮して銀行の自己資本に関する合意形成に動いた背景であると解される。

こうした米国による主導権発揮の背景については、米国の国内事情を反映する形で、1981 年 9 月にワシントン D.C. で開催された第 2 回国際銀行監督者会議の席上では米国連邦準備制度の W・M・ライアン（W. M. Ryan）が「各国の状況に相当の差異があることから、現時点で世界共通の自己資本に関する基準を策定する方向に動くことは、おそらく可能ではなく、また、望ましいことでもないだろう」[145] と発言していた。それにもかかわらず、84 年 9 月にローマで開催された第 3 回国際銀行監督者会議の席上で、米国連邦預金保険公社の W・M・アイザック（W. M. Isaac）が次のように発言しており、米国が従来からの主張を変更していることを自ら認めていることが確認できる。

「銀行の自己資本比率引き上げを促進し、銀行の自己資本充実度を計測する全世界一律の手法をまとめるバーゼル銀行監督委員会の検討作業を評価したい。国内銀行の外国資本による所有、外国銀行の支店開設、リスク評価と自己資本充実度といった問題に取り組んでいると、自国の銀行と他国の銀行を客観的に比較できる仕組みが必要になる。それだけに、そうしたバーゼル銀行監督委員会の検討作業はこれから非常に有益なものになると信じている。結論から述べると、銀行システムを強固なものにするうえでは、民間資本が最も重要であると確信している。過去において長い間、そのことの重要性に十分な関心を払ってこなかったために、現在のようなシステムの脆弱さを招来していることは確かである。従って、米国は、他の多くの国もそうであるように、この問題の解決に努める所存である」[146]

第 6 章　銀行の自己資本に関する合意

　また、銀行の自己資本に関する合意に基づく自己資本比率規制の導入をめぐる英米両国の主導権の獲得は、内容的に優れたものが採用されるというベスト・プラクティスを反映した事実上の国際基準策定過程という観点から鑑みると、米英両国の金融・経済力に裏づけられた覇権によるものというよりも、英米両国が提案したリスク・アセット・レシオに基づく自己資本比率の方が総資産や預金を分母とする自己資本比率よりもリスク・バッファーとしての自己資本の機能に関して優れていたことによるものと解される。

第 4 節　日本による受け入れ

　日本は、銀行の自己資本に関する問題に関しては、バーゼル銀行監督委員会に創設当時から、発言を控えながら、裁量的な規制監督の立場から、自己資本充実度の測定に関する各国共通の基準を設ける主張に対して消極的に対応してきた。

　まず、米国が銀行の自己資本に関する国際的な合意形成に積極的な姿勢を示した 1984 年 9 月にローマで開催された第 3 回国際銀行監督者会議の席上でも、日本大蔵省の M・井川（M. Ikawa）は、「計算上とはいえ、どのような形で自己資本比率の数値を出すにせよ、各国固有の貸倒引当金の水準を考慮しないで自己資本比率の数値を取り扱うことは、単なる国際比較に使用する際には重要であるが、そうでなければもっと慎重に行うべきである。実際問題としては、各国固有の貸倒引当金制度を前提にする限り、世界中で受け入れられるような規範性をもった自己資本比率について合意することはほとんど不可能である」[147] と消極論を主張している。

　また、1986 年 10 月にアムステルダムで開催された第 4 回国際銀行監督者会議の席上でも、日本銀行の大田赳が「私はパネルディスカッショ

ンに参加し、その席上、最低自己資本比率の設定については、『日本でもすでに大蔵省の指導基準があり、対応が進められている』ことを説明したうえ、(1) 各国の税制・会計制度、業務慣行などの相違を解消しない限り、厳密な意味で国際的に整合的な比率の設定は難しく、その実現には相当の時間を要する、(2) 国際的な競争上の平等の確保ないしは競争上の歪みの是正という点については、当局は市場の競争条件のすべてを知ることができない以上、本来は市場で決められる競争原理に委ねるべきではないか、(3) 銀行間の競争条件を公平にすることができたとしても、銀行と証券・生保など他の金融機関との間の不公平の問題は残る、(4) 自己資本比率は銀行経営の一部分を評価する指標に過ぎず、銀行監督上は量的な規制にもっぱら依存するよりも、実地考査の充実を通じて銀行の資産内容、経営能力などを把握していく必要がある、と述べ、性急に国際的な自己資本統一基準を設定することには留保をつけた」[148]と銀行の自己資本に関する合意形成には異論を唱えている。しかしながら、第4回国際銀行監督者会議をバーゼル銀行監督委員会共催したオランダ銀行総裁W・F・デューゼンベルク（W. F. Duisenberg）が会議の冒頭挨拶の中で「今回の会議では、本日の『自己資本とリスク』、明日の『情報交流の実務的側面』という2つの極めて重要なテーマが用意されているが、いずれも幅広く国際的な合意が可能な分野である。ついては、今回の会議において、銀行監督上の更なる協調に向けて参加者の議論が進展することを強く望んでいる」[149]と述べ、また、それを受けてバーゼル銀行監督委員会メンバーでもあるオランダ銀行のムラーが87年12月に公表される銀行の自己資本に関する合意内容につながるペーパー『自己資本とリスク』（"Capital and Risk"）を提出した。

　上記ペーパーは、1986年9月にバーゼル銀行監督委員会が取りまとめた『国際的な業務を行う銀行の自己資本充実度の測定』（"The

第 6 章　銀行の自己資本に関する合意

Measurement of International Banks' Capital Adequacy") [150] と題する文書の内容を踏まえてオランダ銀行のムラーが作成したものである。オランダ銀行のムラーは、その中で、次のように自己資本に関する国際的な合意形成に向けた意向を表明している。

「本ペーパーは、オランダ銀行がバーゼル銀行監督委員会と協議して作成したものである。バーゼル銀行監督委員会としても、本ペーパーは世界中の銀行監督当局の間で幾つかの重要な問題に関する議論が進展するために有益な方向づけをするものであると評価している。なぜならば、それらの重要な問題は文書 BS/86/35 [151] に要約されているバーゼル銀行監督委員会における合意事項を反映しているからである。本ペーパーの中で表された見解や暫定的な結論は本会議の作業部会における検討のために提出されたものであるが、バーゼル銀行監督委員会のメンバーが正式な立場として明言しているものではない。しかしながら、本ペーパーの中に表されている重要な問題には、バーゼル銀行監督委員会としても今後幅広く国際的な合意を得ることを期待している分野が有益に包括されている。私としても、今回の会議中の作業部会および全体会議における議論を通じて、自己資本の構成要素および自己資本充実度の測定方法に関する国際的な合意および自己資本充実度の基準に関する収斂に向けて検討作業が進展するように、参加者の間に全体としての見解について共通の認識が生まれることを期待している。」[152]

このように、第 4 回国際銀行監督者会議開催の段階で、米国にとどまらず、共催国のオランダをはじめ、G10 諸国の多数派は国際的な自己資本に関する統一基準設定に誘導する意図が明らかであった。なお、第 4 回国際銀行監督者会議に参加した日本銀行の大田も、当時の日本を取り巻く

環境を振り返って、「席上これに賛意を表す向きは皆無であり、事態はすでに先に進んでいるとの感を深くした。」[153]と、前述のような日本の主張が孤立していたことを述懐しており、日本としても、第 4 回国際銀行監督者会議開催の段階で、米英両国の共同提案に先立って、銀行の自己資本に関する合意形成の国際的な潮流には抗えないことを覚悟していたことが確認できる。

そして、第 4 回国際銀行監督者会議の閉会に際して、バーゼル銀行監督委員会とオランダ銀行は、「今回の会議 1 日目の主要議題は、『自己資本とリスク』であった。まず、国際的な銀行の自己資本の構成要素と自己資本充実度の測定方法を確定するために取り組んできた最近の検討作業を再検討した。その結果、銀行の資本勘定のうち何が構成要素として相応しいかに関しては幅広く合意が得られた。一方、自己資本充実度の測定方法に関しても、リスク・レシオ・アプローチが選好されることに一般的な形で合意がみられた。リスク・レシオ・アプローチとは、オン・バランス・シート資産、オフ・バランス・シート資産両方に対して、認識される相対的なリスクの度合いに応じて設けたウェイトを使って銀行の自己資本充実度を測定するアプローチである。そして、このアプローチは、G10 諸国と EC メンバー諸国のグループの中で現在懸命に検討が重ねられている自己資本充実度の測定方法であることが確認された。（中略）また、本会議では、国際的な銀行の自己資本充実度について比較可能な最低基準を設定するために必要な合意形成に向けて、今後各国の銀行監督当局が強力に前進すべきことも明確な形で認識された。」[154]というプレス発表を行い、銀行の自己資本に関する合意形成は G10 および EC という 2 つのグループの中ではいわば既定路線として進行していると明言された。

その後、1988 年 7 月に G10 中央銀行総裁会議において銀行の自己資本に関する合意が正式に承認されるまでの間の日本をめぐる動きをみ

第 6 章　銀行の自己資本に関する合意

ると、87 年 1 月にニューヨーク連邦準備銀行総裁の G・コリガン（G. Corrigan）が東京を訪れ、日本銀行との間で協議を進めた。また、それと並行する形で、日本国内では大蔵省も米英合意への反対は困難と判断し、日本としての受け入れが決まったことから、米英の合意事項に日米の合意事項を加え、さらに EC の意向をも反映する過程を経て最終案が取りまとめられるに至った。

その間の事情については、日本銀行の大田が「日米非公式協議と時を同じくして、米・英両国の銀行監督当局による銀行自己資本統一に関する共同提案が発表され、日米協議の席上でも、日銀に対しこの共同提案に対する同調と協力が強く求められた。大蔵省も前年の 86 年 5 月に銀行局、国際金融局はそれぞれ銀行の自己資本比率に関する指導基準を改訂実施したばかりであったが、米・英共同提案の発表と強い協力要請に直面して、国際統一基準への動きは避けて通れないところと受け止め、早速に銀行局に作業部会を発足させ、本問題の検討を開始した。日銀としても、銀行自己資本比率指導そのものは大蔵省の権限に属するものであるが、信用秩序の保持育成は中央銀行の使命の一つであり、その観点から銀行などに対し指導監督を行う責任を負うものであることに鑑み、大蔵省と共同してこの問題に取り組むこととなった。まず米・英当局とそれぞれ個別に協議を行い、日本として受け入れ可能な自己資本比率の内容を固め、最後に米・英・日当局の三者協議を開催して、87 年 9 月には合意点を取りまとめた。他方、これと並行して、BIS クック委員会も究極的には世界全体にわたって遵守されることを目指した BIS 自己資本比率統一基準の取りまとめ作業を急ぎ、米・英・日間の合意事項、EC 諸国の立場などを織り込んで最終案を作成、87 年 12 月の BIS 月例総裁会議に報告した。」[155]と述べている。

そして、1988 年 7 月に G10 中央銀行総裁会議において銀行の自己資本に関する合意が正式に承認され、G10 以外の中央銀行および銀行監督当

局に対しても合意内容を採用するよう要請した。また、その直後の88年10月に東京で開催された第5回国際銀行監督者会議において、日本銀行の大田が共同議長の1人として、次のとおり発言しており、日本が当初は反対する立場から最終的に受け入れる立場に変更を余儀なくされている経緯が明らかにされていることが注目される。その後は、次節「合意形成における各国の利害調整」で述べるように、日本も、他のG10諸国と同等に銀行の自己資本に関する合意を受け入れるための条件交渉に努めたことになる。

「（バーゼル銀行監督委員会議長の）クックも冒頭に指摘したように、最終的な結論は、当然ながら、銀行制度と監督制度が異なる多くの国が表明した異なる意見の妥協の産物である。しかしながら、それは、自己資本充実度の測定方法と全ての国際的な銀行に適用する最低基準に規則を設けるために、G10諸国がそうした意見の相違を包括しても合意に到達することに込めた重要性の表明に他ならない。そして、それは、わが国を含め、幾つかの国々にとっては引き続き困難な課題となっている。」[156]

第5節　合意形成における各国の利害調整

銀行の自己資本比率については、1987年12月にバーゼル銀行監督委員会において合意が成立する以前は、G10諸国の間でも、①自己資本の定義、②自己資本比率の算定方式、③規制ないしはベスト・プラクティスのいずれかによる銀行の自己資本の位置づけ、④自己資本比率の所要最低水準などの面で区々であったが、87年1月に英米両国の銀行監督当局（米国サイドは連邦準備制度、通貨監査長官事務所、連邦預金保険公社、

第 6 章　銀行の自己資本に関する合意

英国サイドはイングランド銀行）がリスク・アセット・レシオに基づく自己資本比率規制に関する共同提案を行ってから統一化が進むことになった。その際、③銀行の自己資本の位置づけについては、英米両国の合意を踏まえて、事実上の国際基準として策定し、各国は共通の国内規制として採用することで進展した。また、②自己資本比率の算定方式、④自己資本比率の所要最低水準については、一部のリスク・ウェイトを除き統一化に向けて各国間の利害を調整しながら進展したが、①自己資本の定義をめぐっては各国の銀行制度や会計制度の相違を反映して各国間の利害調整が難航した。

　まず、②の自己資本比率の算定方式については、リスク度に応じてウェイトづけした資産を分母とするリスク比率とリスク度に応じてウェイトづけしない資産を分母とするギアリング比率の2つの算定方式の間でに各国の主張が分かれた。そして、リスクに対するバッファーとしての自己資本という性格を考慮すると、リスク度に応じてウェイトづけするリスク比率の方が優れているという理論的な裏づけに加え、リスク度に応じてウェイトづけするリスク比率の方が自己資本比率を算定すると水準が高くなるという実務的な事情もあって、リスク度に応じてウェイトづけするリスク比率に収斂する形で統一化が図られた。もっとも、分母について、リスク度に応じてウェイトづけすると同時に、オン・バランス・シート資産だけでなく、ギアリング比率では算入対象とされてこなかったオフ・バランス・シート資産も算入する方法に収斂した。

　次に、③の自己資本比率の所要最低水準については、1990年末に7.25％をクリアするという経過期間を設けて92年末に8％にまで引き上げることで合意が成立したが、分子となる①自己資本の定義に関しては、各国間に採用している自己資本の種類に大きな相違が存在した。また、自己資本比率の水準がバーゼル銀行監督委員会を構成するメンバー国の間でも、国

全体の平均水準はもとより、個別銀行の水準もバラつきが大きく、調整が難航することが予想された。例えば、79年にロンドンで開催された第1回国際銀行監督者会議の席上、ルクセンブルグ銀行委員会のヤーンスが明らかにしたところでは、過去の貸し倒れ実績が余り違わないヨーロッパ5カ国でリスク比率の比較を行っているが、77年末で計算すると、デンマークの8.4％、スイス5.6％、ルクセンブルグ3.7％、ドイツ3.5％、イタリア3.2％と国別の乖離が大きかった。また、81年にワシントンD. C.で開催された第2回国際銀行監督者会議の席上、オランダ銀行のコルゲが『バンカー』(81年6月号)のデータに基づき作成した資料によると、リスク比率ではなく、総資産を分母として計算したギアリング比率ではあるが、表11のように国全体の平均だけでなく、個別銀行の間でも乖離が大きかったことが分かる。

　こうした各国間、個別銀行間の自己資本比率水準が大幅に乖離するにもかかわらず、自己資本比率の所要最低水準8％を達成するという合意が成立したのは、各国銀行監督当局の間に、「1970年代を通じて銀行の自己資本のポジションが悪化し、ここ数年来、バーゼル銀行監督委員会にとっても懸案事項となっている。このため、82年には、G10中央銀行総裁会議において、自己資本のポジションがこれ以上悪化することを防ぐとともに、1980年代初の低水準を改善強化することで意見の一致をみた」[157]と記述されていることからも明らかなように、銀行の健全経営確保の観点から自己資本比率を引き上げる必要性については問題意識が共有されていた[158]ことが背景になっていたと解される。

　従って、各国における自己資本比率引き上げそのものの賛否に各国国内の調整を要したのではなく、各国間の競争条件の均衡を図りながら各国における自己資本比率引き上げを実現するためにはいかなる方策を採るべきかについて各国間の調整が行われることになった。その調整は、G10諸

第 6 章　銀行の自己資本に関する合意

国間では、分母となるリスク・アセットではなく、分子となる①の自己資本の定義をめぐる各国の異なる事情を調整することに終始したと言っても過言ではない。

　具体的な調整は、各国において異なる銀行の自己資本の定義の範囲を可能な限り幅広く認める形で行われたことになるが、最終的には、8％が達成可能であることが見通されたことで各国の足並みが揃ったと解される。

　そうした調整において自己資本を Tier 1 と Tier 2 の 2 階層に分けて構成する手法が用いられたことが画期的であるが、当初は Tier 1 から Tier 6 まで 6 階層に分けなければならない程、各国において銀行の自己資本と認められる範囲が幅広く拡散していた[159]。そして、銀行の自己資本の定義を Tier 1 と Tier 2 の 2 階層に絞り込む過程で、当初 6 階層のうち Tier 1 だけを中核的な自己資本項目（Core Capital）とする一方、残りの Tier 2 から Tier 6 までの 5 階層をすべて補完的な自己資本項目（Supplementary Capital）とする形で幅広く認める形で収斂された。この結果、各国に共通する自己資本の部分で中核的な自己資本比率 4％を確保し、各国で区々となっている自己資本の部分で補完的な自己資本比率 4％を上乗せして、全体として 8％の自己資本比率が実現されたことになる。

　具体的には、補完的な資本項目については、①一部の国において、固定資産、通常は営業用不動産を市場価値の変動に合わせて再評価することが認められている、②また、銀行による株式保有に関しては、取得原価を簿価とする株式の長期保有の結果、含み益が発生するという事情[160]を考慮して、取得原価である簿価と時価との差額を 55％ 控除して算入することを認める形で調整が図られた。また、負債性資本調達手段についても、カナダの長期優先株式、フランスの資本参加証券および永久劣後債、ドイツの享益権付証券、英国の永久劣後債および優先株式、米国の転換義務付証書などが認められる形で調整が図られた。

表11　G10諸国の銀行のうち資産規模上位5行のギアリング比率（%）

	最も比率が 低い銀行	最も比率が 高い銀行	上位5行の 平均
ベルギー	1.3	12.4	4.0
カナダ	2.7	3.3	3.0
フランス	1.1	5.8	2.9
ドイツ	2.3	3.1	2.9
イタリア	1.0	4.3	2.9
日本	3.5	4.0	3.7
オランダ	2.4	4.2	3.4
スウェーデン	1.2	4.1	2.5
スイス	3.9	6.6	6.0
英国	5.3	7.0	5.9
米国	3.2	4.4	3.6

資料：*The Banker,* June 1980, June 1981, and June 1982.

　なお、G10諸国の利害調整がもっぱら分子となる自己資本の定義をめぐって行われたのに対し、G10以外の諸国との間では分母となるリスク・アセットのウェイトをめぐって議論がみられた。すなわち、リスク・ウェイトに関し、経済協力開発機構加盟諸国と非加盟国諸国との間でリスク・ウェイトに関して表12のとおり格差を設けたことから、経済協力開発機

第 6 章　銀行の自己資本に関する合意

表 12　経済協力開発機構加盟国と非加盟国のリスク・ウェイト対比

	経済協力開発機構加盟国	経済協力開発機構非加盟国
リスク・ウェイト 0%	1 中央政府および中央銀行向け全ての債権 2 中央政府債券によって担保されるか、あるいは中央政府によって保証された全ての債権	現地通貨により調達された中央政府および中央銀行向け同通貨建債権
リスク・ウェイト 20%	1 銀行向け債権および銀行によって保証された全ての債権 2 リスク・ベースの自己資本規制を含む、類似の規制・監督体制の下にある証券会社向け債権およびこれらの証券会社によって保証された債権 3 自国を除く中央政府以外の公共部門向け債権および同部門によって保証されたないしは同部門の発行する債券で担保された債権	残存期間 1 年以下の銀行向け債権および銀行によって保証された残存期間 1 年以下の債権
リスク・ウェイト 100%		1 残存期間 1 年超の銀行向け債権および銀行によって保証された債権 2 証券会社向け債権およびこれらの証券会社によって保証された全ての債権 3 中央政府向け債権（現地通貨により調達された同通貨建債権でない場合） 4 自国を除く中央政府以外の公共部門向け債権および同部門によって保証されたないしは同部門の発行する債券で担保された債権

資料：*Basel Committee on Banking Supervision. International Convergence of Capital Measurement and Capital Standards,* p21-22 より要約のうち著者作成。

構非加盟諸国から強い反発を招来したからである。

　こうした経済協力開発機構非加盟諸国からの強い反発に対しては、1988年に東京で開催された第5回国際銀行監督者会議で、日本銀行の大田が次のとおり総括しているように、バーゼル銀行監督委員会が当時の国際金融におけるG10諸国を含む経済協力開発機構加盟国の優位性を背景に押し切る形で決着させた。

「参加者の中には本合意のある部分に関して異議を唱えていることは承知している。特に、経済協力開発機構加盟国であるかどうかにより差別的に扱われると、カントリー・リスクの面でも差を設けられる根拠とされる惧れがあると指摘された。こうした経済協力開発機構非加盟国の感情は十分理解できるが、経済協力開発機構加盟国に関しては、リスク・ウェイトについて差を設けたように、過去国際的な債務の履行において優れた実績があり、信用格付の面でも高い評価を受けていることも確かである。従って、こうした差を設けることは、既に市場において設けられている区別を反映していることに他ならず、実際上の影響は非常に小さいと考えられる。何故ならば、現地通貨により調達された中央政府向け同通貨建債権に関しては、経済協力開発機構加盟国と同じ有利な取り扱いになっているほか、経済協力開発機構非加盟国以外の国々の銀行向け債権もその太宗が短期のものであり、短期のものに限ってみると、経済協力開発機構加盟国の銀行と同じリスク・ウェイトになるからである。」[161]

第 7 章

バーゼル銀行監督委員会を通じた国際協力の変容

1987年12月の銀行の自己資本に関する合意成立以降、バーゼル銀行監督委員会を通じた金融システム安定のための国際協力は、意見交換・情報共有に加え、ベスト・プラクティスを反映した事実上の国際基準策定を通じて政策協調も推進することになった。こうした政策協調は、各国内における個別金融機関の健全経営を確保するだけでなく、各国相互間における金融機関の競争条件の平準化を確保しなければならないという規制監督上の要請に応えたものであった。このため、まずG10諸国相互間で自国の金融機関の競争上の不利益を回避する形で利害調整が行われ、G10諸国としての合意形成ができると、次いでG10諸国以外の国々に対し、バーゼル銀行監督委員会で採択したベスト・プラクティスを反映した事実上の国際基準を採用して追随するように強く求めることになった。

　そして、1990年代に入ると、マクロ・プルーデンスの面では通貨危機がヨーロッパ、ラテン・アメリカ、アジア、ロシアにおいて世界規模で起こる一方、ミクロ・プルーデンスの面ではBCCI[162]、ベアリングスなどの国際的に影響が波及するような大規模な金融機関の経営破綻が続いた。このため、バーゼル銀行監督委員会は、ミクロ・プルーデンスの観点から原因究明と再発防止に取り組むことになるが、BCCI、ベアリングスの経営破綻の原因は健全な経営と有効な内部統制が欠如したことによるものであり、信用リスクに対して自己資本を所要水準まで充実させることを目指した銀行の自己資本に関する合意を含め既存の国際基準だけでは解決できない問題であった。このことから、①「国際的に活動する銀行グループの監督における最低基準」、②「実効的な銀行監督のためのコアとなる諸原則（バーゼル・コア・プリンシプル）」といった新たな政策協調を目指して、ベスト・プラクティスを反映した事実上の国際基準を策定していくことになる。

　こうした新たな政策協調の内容をみると、①「国際的に活動する銀行グ

第 7 章　バーゼル銀行監督委員会を通じた国際協力の変容

ループの監督における最低基準」の場合は、相互監視を含め政策協調の手段を追加したこと、②「実効的な銀行監督のためのコアとなる諸原則」の場合は、事実上の国際基準を策定する過程に新興国を取り込むことにより、政策協調に参加する当事国を拡大したこと、とそれぞれ特徴づけられるように、バーゼル銀行監督委員会が取り組む銀行監督における政策協調が多様化したことを指摘できる。

さらに、2000 年代に入ると、国際金融においても新興国のプレゼンスが高まり、G7、G10 といった先進国グループの優位性が相対的に低下する中で、G20 といった新興国を加えたグループによって国際金融における新たな政策協調の枠組が形成されたため、バーゼル銀行監督委員会もそれに対応する形でメンバーシップを G10 から G20 に拡大したのである。

第 1 節　政策協調手段の追加

政策協調手段として相互監視を追加することにつながった「国際的に活動する銀行グループの監督における最低基準」は、1992 年 7 月に策定されたものであるが、BCCI が 91 年 7 月にイングランド銀行から営業停止処分を受け、多額の不良資産を抱えて経営破綻し、世界各国の債権者が損失を被ったことが直接の契機であった。また、BCCI の経営破綻の場合、不良債権にとどまらず、粉飾決算や会計不正操作を繰り返すという金融犯罪に加え、マネー・ローンダリングや武器密輸・麻薬取引などの数々のスキャンダラスな犯罪にも関与していたため、バーゼル銀行監督委員会としても、再発防止のために、意見交換・情報共有ではなく、政策協調に取り組むことになった。

「国際的に活動する銀行グループの監督における最低基準」が策定されるまでは、1983 年 5 月に改訂された「バーゼル・コンコルダット」に基

づいて、母国監督当局と受入国監督当局の協力は意見交換・情報共有の形態ながらも「母国監督当局による連結ベースの銀行監督に重点を置いた共同責任・重複責任」というアプローチを採用して、銀行監督の国際的なネットに漏れが生じないようにされていた。しかしながら、BCCIのような多国籍銀行グループの場合、母国監督当局、受入国監督当局とも不明確なままバーゼル銀行監督委員会を通じた銀行監督の国際的なネットから漏れてしまった結果、BCCIによる組織ぐるみの世界規模の犯罪を抑止できなかった。このため、バーゼル銀行監督委員会は、92年7月に「バーゼル・コンコルダット」を再度改訂する形で、「国際的に活動する銀行グループの監督に関する最低基準」を採択した。「国際的に活動する銀行グループの監督に関する最低基準」においては、母国監督当局と受入国監督当局の協力の在り方について、「最善の努力を期待する性格（"best-efforts" character）」から「最低基準（minimum standards）」に改めることとし、メンバー各国が最低基準を遵守するために国内において法的ないしは行政的な措置を早急に採るよう明示的に求めているほか、バーゼル銀行監督委員会としてメンバー各国の最低基準の遵守状況を相互に監視していくことも打ち出した[163]。

「国際的に活動する銀行グループの監督に関する最低基準」は、①すべての国際的な銀行グループないし国際的な銀行は連結ベースの監督を行う能力のある母国監督当局によって監督されなければならない、②国外拠点の設置は、受入国監督当局、母国監督当局の双方から事前の承認を受けなければならない、③母国監督当局は、国外拠点から情報を収集する権利を認められるべきである、④受入国監督当局は、最低基準が満たされないと判断した場合、国外拠点の設置の禁止を含め、プルーデンス政策の観点から最低基準に整合的な形で制限的な措置を課すことが認められるべきである、という4つの柱となる内容で構成されており、母国監督当局による

第 7 章　バーゼル銀行監督委員会を通じた国際協力の変容

連結ベースの銀行監督がいっそう強調されているが、BCCI のように母国監督当局が不明確なまま国外拠点を世界中に設置したケースをも想定して、受入国監督当局による銀行監督の重要性にも言及している。

「国際的に活動する銀行グループの監督に関する最低基準」において、メンバー各国が最低基準を遵守するために国内において法的ないしは行政的な措置を早急に採るよう明示的に求めたことは、銀行の自己資本に関する合意と同様、各国が法改正などの国内政策の変更を受け入れることを求めるため、各国間の政策協調を前提にしたものであるが、それだけにとどまらず、バーゼル銀行監督委員会においてメンバー各国の最低基準の遵守状況を相互に監視していくことが打ち出されていることは大いに注目される。このように国内政策の変更にとどまらず、バーゼル銀行監督委員会を通じた金融システム安定のための国際協力に相互監視の仕組み（a system of peer group review）を新たに追加して国内政策の変更を促すという意味では、従来の政策協調に比べ、一段と進展したことになる。

なお、BCCI の経営破綻を契機とした「国際的に活動する銀行グループの監督に関する最低基準」の策定過程をみると、バーゼル銀行監督委員会における議論に先立って、英国および米国における BCCI の経営実態の調査および訴訟手続きが先行して行われていたことから、英国および米国が主導権を発揮しているが、イングランド銀行の調査が外部監査の結果に依存していたのに対し、連邦準備制度の調査は実地検査の結果に基づいているという強みを備えていたほか、当時のバーゼル銀行監督委員会議長がニューヨーク連銀総裁のコリガンであったこともあって、米国の主導権の方が英国の主導権を上回っていたのである。

第 2 節　政策協調参加国の拡大

「実効的な銀行監督のためのコアとなる諸原則」は、1996 年 6 月にリヨンで開催された G7 サミットにおける経済コミュニケにおいて、バーゼル銀行監督委員会に対し、新興市場における銀行監督基準の向上を図るよう要請されたことを受けて策定されたものであるが、事実上の国際基準の策定過程に G10 諸国以外の国々を参加させることを通じて政策協調に参加する当事国の範囲拡大させることになった。それは、新興国がその経済成長にともない国際金融におけるプレゼンスを高めてきたことから、各国国内における個別金融機関の健全経営に加え、各国相互間における金融機関の競争条件の平準化を規制監督面でも確保する範囲を新興国まで広げることが必要になった事情を反映しているものと解される。

具体的に、G7 サミットにおける経済コミュニケでは、「規制及び監督当局の間の協力は、金融面の革新並びに越境資本移動及び国際的に活動する金融機関の増加に引き続き適応していくべきである。われわれは、銀行及び証券の規制に関わる国際組織が達成した作業を歓迎する。これからの 1 年間に、われわれは、次に掲げる目標について最大限の進展を得るように努力すべきである」[164] として、次の 4 つのテーマを具体的な要請として表明した。

(1)　国際的に活動する金融機関の監督に責任を有する監督当局について、その役割と責任を明確にすることにより、各国監督当局間の協力を強化させること。
(2)　革新的な市場において、危険管理をいっそう強化し、市場および関連活動の透明性の向上を奨励すること。

第 7 章　バーゼル銀行監督委員会を通じた国際協力の変容

(3)　新興経済における健全性確保のための強力な基準の採用を奨励し、それらの監督当局との協力を強化すること
(4)　小売電子決済の洗練された手段を創り出すことを可能にする最近の技術的進歩の意味合いやその恩恵が十分に実現することを確保する方法につき研究すること。

　この要請を受けて、バーゼル銀行監督委員会が、新興市場における銀行監督基準として 1997 年 4 月に「実効的な銀行監督のためのコアとなる諸原則」を策定した。このことは、①中央銀行および銀行監督当局の間の政策協調にとどまらず、政府間の政策協調の意味合いを帯びてきたことに加え、②バーゼル銀行監督委員会における合意形成に先立って、バーゼル銀行監督委員会メンバーでない国も議論に参加した、という点において従来のバーゼル銀行監督委員会を通じた金融システム安定のための国際協力と比べて性格が変化している。

　すなわち、まず、「実効的な銀行監督のためのコアとなる諸原則」の採択において、バーゼル銀行監督委員会を通じた金融システム安定のための国際協力は、G7 各国政府元首によるコミットが行われているという意味では、従来のベスト・プラクティスに比べて規範性を帯びることになった。また、「実効的な銀行監督のためのコアとなる諸原則」の採択における主導権の発揮も、G7 サミットのメンバーである G7 諸国の共同行動と形式的には位置づけられる。しかし、バーゼル銀行監督委員会における合意形成に先立って新興経済を担う国も参加していることから、「実効的な銀行監督のためのコアとなる諸原則」の採択を通じて、バーゼル銀行監督委員会を通じた金融システム安定のための国際協力は、当事者として参加する国の範囲が実態として G10 に新興経済を担う国を加える形で拡大したことになる。

第3節　変容のインプリケーション

　バーゼル銀行監督委員会における国際協力が意見交換・情報共有という伝統的な中央銀行間の協力からスタートして、その後政策協調という新しい国際協力も推進するようになった。その政策協調の推進力となったのがバーゼル・プロセスという意思決定過程である。
　そして、伝統的な意見交換・情報共有というという国際協力も、バーゼル・プロセスによって推進された政策協調という国際協力も、金融システム安定に成果を上げてきた要因を考えると、G10諸国という先進国による参加国数の限られた、金融・経済面で協調性を備えたメンバーによって国際協力が進められてきたことにあると指摘できる。
　しかしながら、2009年3月にオーストラリア、ブラジル、中国、インド、韓国、メキシコ、ロシアの7カ国が、同年6月にはアルゼンチン、インドネシア、サウジアラビア、南アフリカ、香港行政特別区、シンガポール、トルコの6カ国1地域が、バーゼル銀行監督委員会のメンバーとして新たに参加することになった。
　バーゼル銀行監督委員会のメンバー拡大は、1974年の創設以来、2001年にスペインがバーゼル銀行監督委員会と緊密な連携関係にある証券監督者国際機構（International Organization of Securities Commissions）の事務局をカナダ[165]から引き継いだのを機に参加したことに次ぐものであるが、今回のメンバー拡大について、バーゼル銀行監督委員会のN・ウェリンク（Nout Wellink）議長（オランダ中央銀行総裁）は、次の通り説明している。

　「今回のメンバー拡大により、世界で適用される監督実務および基準

第7章　バーゼル銀行監督委員会を通じた国際協力の変容

の強化というバーゼル銀行監督委員会の中核的な任務を遂行する能力が強化されるであろう。また、今回の措置は、主要な基準設定主体はそのメンバーシップを見直すべきとする G20 首脳からの要請に応えるものである」[166]

2009 年のバーゼル銀行監督委員会のメンバー拡大にともなう変容のインプリケーションは、ウェリンク議長の説明も踏まえて考えると、バーゼル銀行監督委員会の性格が従来に比べ、少なくとも 3 つの点で異なってくると指摘できることから、バーゼル銀行監督委員会を通じた金融システム安定のための国際協力の先行きを展望するうえで極めて重要である。

第一に、従来のバーゼル銀行監督委員会は、2001 年のスペインの参加という例外はあるものの、1974 年の創設以来、G10 中央銀行総裁会議をガバナンス主体とする先進国による参加国数の限られたグループによる国際協力という性格を継続してきた。しかしながら、2009 年のメンバー拡大によって、バーゼル銀行監督委員会における合意形成の過程に、新興経済国・地域が加わることになったため、メンバー国間の利害は一段と多様になり、それにともない利害調整が困難となることが予想される。また、その結果として、合意内容が従来に比べ、抽象的かつ一般的ものとなり、実践的でなくなる可能性が生じてきたのである。

第二に、基準設定主体はそのメンバーシップを見直すべきとする G20 首脳からの要請に応える形でのメンバーを拡大したことは、形式的には G20 中央銀行・監督当局をガバナンス主体とするとはいえ、実質的には G20 首脳から任務を帯びていることになる。G20 首脳会議は、金融に限らず、経済一般、政治的な分野にわたる幅広い問題を議論する場であるだけに、今後、例えばマネー・ローンダリング対策の分野で国際協力を推進するため設立された金融活動作業部会[167]のように、バーゼル銀行監督委

員会における議論にも政治的な色彩を帯びてくる可能性がある。

　第三に、実質的にはG20首脳から任務を帯びて、世界で適用される監督実務および基準を強化するということは、バーゼル銀行監督委員会の作成する合意文書の規範性が強まり、従来の事実上の国際基準から拘束力ある規則の制定に性格が移り変わっていく可能性がある。例えば、金融活動作業部会が取り組んでいるマネー・ローンダリング対策を例にすると、1988年12月に「麻薬及び向精神薬の不正取引の防止に関する国際連合条約」が締結され、89年7月にはアルシュ・サミットでマネー・ローンダリングに関する金融活動作業部会が設立されたように、国際的な監視組織が設立されたことでも、規範性を帯び、規則の制定と遵守の監視が行われていることは明らかである。

　このように2009年のメンバー拡大にともないバーゼル銀行監督委員会が変容していくことを考慮すると、バーゼル銀行監督委員会の先行きとして、バーゼル銀行監督委員会の活動を支援してきた国際決済銀行の設立以来の目的である「中央銀行間の協力の促進」[168]という性格が希薄化する中で、政府間の拘束力ある規則の制定および監視のための場となり、矢後が指摘するようなバーゼル銀行監督委員会の数多くの成果をもたらしてきたカルチャー[169]も希薄化していくことが予想される。その結果、バーゼル銀行監督委員会の先行きについて、各国における金融機関の健全経営確保のため、ベスト・プラクティスに基づいて意見交換・情報共有を行い、併せて各国間における金融機関の競争上の均衡を図る必要がある場合には、政策協調を行うという柔軟な二重構造によって推進されてきた国際協力が、国益調整を前提とする拘束力を有する規則の制定に変質していく可能性がある。

注

1 Ethan B. Kapstein, *Governing the Global Economy: International Finance and the State*, Harvard University Press, 1994

2 Duncan Wood, *Governing Global Banking: The Basel Committee and the Politics of Financial Globalisation*, Ashgate, 2005

3 William R. White, "Asia and the future of the world economic systems", Conference organized by the Royal Institute of International Affairs and held in London on 17–18 March 1999

4 David S Bieri, "The Basel Process and Financial Stability", Virginia Polytechnic Institute & State University, 2004

5 Claudio E. V. Borio and Gianni Toniolo, "One hundred and thirty years of central bank cooperation: a BIS perspective", *BIS Working Papers No 197*, 2006

6 Shinichi Yoshikuni, "The Basel Process and Regional Harmonization in Asia", *Technical Report Pacific Economic Papers No. 326*, Australian National University, May 2004

7 Gianni Toniolo with the assistance of Piet Clement, *Central Bank Cooperation at the Bank for International Settlements, 1930–1973*, Cambridge University Press, 2005

8 Piet Clement, "Introduction: Past and Future of Central Bank Cooperation", Clement, Piet ed., *Past and Future of Central Bank Cooperation*, Cambridge University Press, 2008

9 James C. Baker, *The Bank for International Settlements*, Quorum Books, 2002

10　氷見野良三『BIS 規制と日本　第 2 版』金融財政事情研究会、2005 年

11　佐藤隆文「第 1 部なぜ今バーゼル II なのか」佐藤隆文編『バーゼル II と銀行監督　新しい自己資本比率規制』東洋経済新報社、2007 年

12　矢後和彦『国際決済銀行の 20 世紀』2010 年 3 月、蒼天社出版

13　Charles Goodhart, *The Basel Committee on Banking Supervision: A History of the Early Years, 1974—1997,* Cambridge University Press, 2011.

14　Ibid., p.8

15　Bank for International Settlements, *FIFTH ANNUAL REPORT, APRIL 1, 1934 —MARCH 31, 1935,* BASLE, May 13, 1935, p.46

16　ウォーリック（Henry C. Wallich）による分類は、①情報共有（consultation）、②情報共有に加え、協調行動を志向するもの（cooperation）、③自国の行動の自由を制限されない範囲内で協調して行動するもの（harmonization）、④協調行動に際して、国内政策の変更を受け入れるもの（coordination）という 4 つの形態を示している。Henry C. Wallich, "Institutional Cooperation in the World Economy", Jacob A. Frenkel and L. Mussa Michael ed, *The World Economic System: Performance and Prospect,* Auburn House Publishing Company, 1984, p.85

17　クーパー（Richard N. Cooper）による分類は、公衆衛生（Public Health）に分野において 19 世紀半ば以降発展した国際協力の歴史を検証するために、①情報の交換（exchange of information）、②共通の概念や基準に関する合意（agreement on common concepts and standards）、③国内政策の先行き見通しに関する意見交換（exchange of views on prospective national policy actions）、④国内政策に制限を設ける規則に関する合意（agreement on rules that set boundaries to national behavior）、⑤公式に協調した国内政策の実施（formally coordinated national policy actions）、⑥共通の指示に基づいた共同行動（joint action under common direction）という 6 つの形態を示したうえで、6 つの形

態は経済の分野をはじめ幅広い分野の国際協力に当てはめることができるとしている。Richard N. Cooper, "International Cooperation in Public Health as a Prologue to Macroeconomic Cooperation", *Can Nations Agree?,* The Brookings Institution, 1989, p.241

18　パットナム／ヘニング（Robert D. Putnam and Randall C. Henning）による分類は、サミットにおける政策協調を整理するために、①片務的な調整（unilateral adjustment）、②協議（consultation）、③国際的な合意に基づく片務的な調整（reinforcement）、④包括的な相互調整（package deal）、⑤超国家的な調整(supranational integration)という5つの形態を示している。Robert D. Putnam and C. Henning Rondall, "The Bonn Summit of 1978: A Case Study in Coordination", *Can Nations Agree?,* The Brookings Institution, 1989, pp.15-16

19　Henry C. Wallich, *op.cit.,* p.90

20　Richard N. Cooper, "Almost a Century of Central Bank Cooperation", Piet Clement, ed., *Past and Future of Central Bank Cooperation,* Cambridge University Press, 2008, pp.78-80

21　William R. White, *op.cit.,* pp.1-2

22　David S. Bieri, *op.cit.,* pp.4-5

23　Shinichi Yoshikuni, *op.cit.,* pp.4-5

24　Charles Freeland, "The Basel Committee Process", Paper prepared for the One World Workshop" Increasing Accountability through External Stakeholder Engagement", October 2003

25　1996年にリヨンで開催されたG7サミットにおいて、金融システム安定の役割を正式にバーゼル銀行監督委員会に担わせることとしたため、それ以降は、G10中央銀行総裁会議によるガバナンスを維持しつつも、G7サミットおよびG7財務大臣会議とも結びつくことになった。

26　国際決済銀行総支配人（1994—2003）を務めたCrockettは、通貨の安定

（monetary stability）の定義に関しては、コンセンサスがあり、一般的な価格水準の安定と定義づけられるのに対し、金融システム安定（financial stability）の定義については必ずしもコンセンサスがないとしながら、金融システムにおいて重要な機関（key institutions）と市場（key markets）がともに安定であることを維持することと定義づけている。Andrew Crockett, "Why Is Financial Stability a Goal of Public Policy?", in "Maintaining Financial Stability in a Global Economy", Proceedings from the Jackson Hole Symposium, Federal Reserve Bank of Kansas City, pp.8-10

27　合意内容の公表に先立って、合成形成の過程でも、公開草案の公表とパブリック・コメントの募集も行っている。

28　バーゼル銀行監督委員会の名称は、1974年12月の創設当初は「バール銀行規制監督委員会（the Basle Committee on Banking Regulations and Supervisiry Practices)」であったが、89年に「バール銀行監督委員会（the Basle Committee on Banking Supervision)」に変更され、98年には所在地名を英語表記からドイツ語表記に変更して「バーゼル銀行監督委員会（the Basel Committee on Banking Supervision)」として現在に至っている。本書では、組織としての継続性に注目して74年以降現在に至るまで「バーゼル銀行監督委員会」の名称を統一的に使用している。

29　イングランド銀行は、ヘルシュタット銀行が経営破綻した直後に、ドイツのブンデスバンクからヒアリングした内容として、「ヘルシュタット銀行は、ドイツ国内に限ってみるとユーロ・ドル市場で活発な取引を行っていなかったが、ルクセンブルグに設立した国外子会社を通じては活発な取引を行っていたことになる。（中略）そして、ブンデスバンクも、未だヘルシュタット銀行の外国為替先物取引の詳細は把握しておらず、従って、ポンドとの取引が含まれているかは現時点では答えられない。」と内部で報告しており、イングランド銀行はもとより、ブンデスバンクにとっても、ヘルシュタット銀行がルクセンブルグにおけ

る外国為替取引で多額の損失を出して経営破綻したことは突然の出来事であった。Bank of England Archive, Hallett to McMahon, 27th June 1974, OV34, p.1

30 B. Banker, "Spot the knave……the latest Europroblem", *Euromoney*, August 1974, p.15

31 R. Heller and N. Willatt, "Fall of the House of Herstatt", *Can You Trust Your Bank?*, Weidenfeld and Nicolson, London, 1977, pp.245-253

32 NOTEBOOK INTERNATIONAL, "Banking crisis: After Herstatt", *The Banker*, August 1974, p.856

33 国際決済銀行において、ベルギー、フランス、ドイツ、イタリア、オランダ、スイス、英国、米国8カ国の中央銀行役員が外国為替取引に関する意見交換のために非公式な形で集まる会合として発足し、1961年以降定期的な会合として制度化された。また、64年以降、カナダ、日本、スウェーデンが参加するようになって、現在のように国際決済銀行で毎月開催されるG10中央銀行総裁会議の枠組みが出来上がった。

34 Mendelsohn, M. S., "Money takes fright", *Euromoney*, August 1974, p.13

35 INTERNATIONAL BANKING, "International banking——is the crisis over?", *The Banker*, October 1975, pp.1182-1184

36 Bank for International Settlements Archive 1.3a(3), "Press Communiqué by Bank for International Settlements", 10th September 1974

37 G. Toniolo with the assistance of Piet. Clement, *op.cit.*, p.469

38 Bank for International Settlements Archive 1.3a(3), "The Centralisation of Information on Bank Credits to Nonresidents", 22nd January 1965

39 Bank for International Settlements Archive 1.3a(3), "Note on the Meeting: The Centralisation of Information on Bank Credits to Non-residents", May 1965

40 矢後和彦「国際金融機関史」上川孝夫・矢後和彦編『国際金融史』有斐閣、

2007 年、325 頁

41　George Blunden, "International co-operation in banking supervision", *Bank of England Quarterly Bulletin,* Volume 17, Number 3, September 1977, p.326

42　矢後前掲「国際金融機関史」334―335 頁

43　Bank for International Settlements Archive 7.15(1), "The Role of Working Party No. 3", 9th December 1975

44　1975 年 1 月当時の G10 は、84 年 4 月にスイスが国際通貨基金の一般借入協定（General Agreements to Borrow）に参加する以前の 10 カ国（ベルギー、カナダ、フランス、ドイツ、イタリア、日本、オランダ、スウェーデン、英国、米国）で構成されていた。

45　1974 年 12 月以降 2001 年 2 月にスペインが加入して 13 カ国の中央銀行、銀行監督当局がバーゼル銀行監督委員会のメンバーとなるまでの間、G10 諸国にスイスとルクセンブルグを加えた 12 カ国によるメンバーシップが続いた。

46　Bank for International Settlements Archive 1.13a(3), "Telex from George Blunden to the members of the committee on banking supervision", 9th January 1975, p.2

47　Ibid., p.3

48　Bank for International Settlements Archive 6.61, "Press Communiqué by Bank for International Settlements", 12th February 1975

49　例外として、ルクセンブルグは、当時、中央銀行が存在しなかったので、中央銀行の代わりにルクセンブルグ銀行統制委員会がバーゼル銀行委員会創設当初からメンバーとなった。

50　バーゼル銀行監査委員会事務局（国際決済銀行スタッフ）によって取りまとめられた各国中央銀行に対する質問調査に基づくものあり、中央銀行が銀行監督を行っているとされている場合でも、例えば 1974 年当時の日本のように日本銀行が法律に基づく銀行監督を行っていない事例も含まれていた。Bank for

注

International Settlements Archive 1.3a(1), "Institutional structure of bank supervision", 30th May 1975

51　Bank for International Settlements Archive 1.3a(1), "Informal record of the first meeting of the Committee on Banking Regulations and Supervisory Practices held at the BIS on 6th–7th February 1975", 3rd April 1975

52　Bank for International Settlements Archive 7.17, "Recent Development on the Euro-currency Market: Speech delivered by Monsieur René Larre at the luncheon held by the Association of Foreign Banks in Switzerland, Berne", 28th June 1974

53　Bank for International Settlements Archive 7.17, "Sketch of Mr. Larre's presentation panel on THE EURO-CURRENCY MARKET, International Monetary Conference, Amsterdam", June 12, 1975

54　1975年2月6、7日の第1回会合開催時には、M・G・デルトリー（M. G. Dealtry）、H・W・マイヤー（H. W. Mayer）の2名がバーゼル銀行監督委員会事務局スタッフに任命された。

55　1961年11月に、ベルギー、フランス、ドイツ、イタリア、オランダ、スイス、英国、米国8カ国の中央銀行が、金の価格安定のために国際的な協調として金市場に介入するために締結した協定であったが、68年3月に終了した。

56　一般借入協定（General Arrangements to Borrow）は、国際通貨基金の資金が不足した時に国際通貨基金に資金を供与することができるよう約束する取り決めであり、1962年10月に国際通貨基金とベルギー、カナダ、フランス、ドイツ、イタリア、日本、オランダ、スウェーデン、英国、米国の10カ国との間で締結され、その後64年に国際通貨基金とスイスと間でも締結された。

57　バーゼル銀行監督委員会の作成する文書は、初代議長ブランデンの下、英語で作成され、フランス語、ドイツ語に翻訳され、その後もそれが慣行になった。また、バーゼル銀行監督委員会メンバーによって英語以外の言語で作成し

て提出された文書も国際決済銀行事務局によって英語に翻訳されることが慣行となった。

58 当初から国際決済銀行の公用語である英語、フランス語、ドイツ語、イタリア語の同時通訳が国際決済銀行によって提供され、その後日本語の同時通訳の提供も追加されている。

59 Bank for International Settlements Archive 1.3a(3), "Letters from George Blunden to the central-bank Governors of non-G10 countries", December 22nd, 1975"

60 外国為替取引における時差にともなう決済リスクは、売却通貨を相手銀行に支払った後、相手銀行が支払い不能に陥り、対価である外貨資金を受け取れなくなるリスクであるが、ヘルシュタット銀行の経営破綻に因んで「ヘルシュタット・リスク」と呼ばれることが多い。

61 金融市場の安定というマクロ・プルーデンスの問題は、本来1971年に創設されたユーロ・カレンシー市場常設委員会の取り組む課題であったが、外国為替取引における時差に伴う決済リスクの問題は、個別金融機関のリスク管理にも関係があることから、80年に支払い・決済システム委員会が創設されるまでの間、バーゼル銀行監督委員会でミクロ・プルーデンスの問題と併せて議論された。例えば、ユーロ・カレンシー市場常設委員会と同様、マクロ・プルーデンスの問題を扱う金・外国為替専門家委員会は74年7月に開催した会合で、ヘルシュタット銀行の経営破綻の問題を取り上げているが、金・外国為替専門家委員会は市場全体をモニタリングする組織であり、その委員会メンバーも個別金融機関の経営内容を把握していなかったため、ヘルシュタット銀行の経営破綻にともない各国金融機関が被った損失額も確定できなかった。Bank of England Archive, "Gold and Foreign Exchange meeting, Basle, I. D. Herstatt", 11 June 1974, OV4, pp.1-3

62 ドイツでは、1974年6月のヘルシュタット銀行の経営破綻に続いて、同年

注

8月には、バス・ウント・ヘルツ銀行、ヴォルフ銀行、フランクフルター・ハンデルス銀行の経営破綻が表面化した。

63　米国のフランクリン・ナショナル銀行は、1974年5月、外国為替取引における損失計上などにともなう業績悪化のため次期配当を取り止めることを決定、同年10月には債務超過であることが明らかになり、ヨーロピアン・アメリカン銀行に買収される形で破綻処理されることが決まった。

64　Bank for International Settlements Archive 1.3a(3), Committee on Banking Regulations and Supervisory Practices, "Institutional structure of bank supervision", March 1975

65　Bank for International Settlements Archive 1.3a(3), Committee on Banking Regulations and Supervisory Practices, "FOREIGN CURRENCY REPORTING SYSTEMS OF VARIOUS COUNTRIES", March 1975

66　Bank for International Settlements Archive 1.3a(3), Committee on Banking Regulations and Supervisory Practices, "VARIOUS COUNTRIES' REPORTING OF FORWARD EXCHANGE", March 1975

67　外貨建て資産負債および外国為替先物契約の満期構成に関する当局宛て報告様式をみると、ベルギー、ドイツ、ルクセンブルグ、英国、米国の5カ国では、「超短期（1か月以下）」、「短期（1-3カ月、3-6カ月、6カ月-1年）」、「長期（1-2年、2年超、または1-3年、3-5年、5年超）」と満期構成を細分化しており、満期構成のギャップから流動性リスクや価格変動リスクを分析することが可能であった。これに対し、他の7カ国では、「短期（1年以下）」と「長期（1年超）」にしか満期構成を区分していなかったので、満期構成のギャップから流動性リスクや価格変動リスクを分析するには不十分であった。

68　Bank for International Settlements Archive 1.3a(3), Committee on Banking Regulations and Supervisory Practices, "COMPARSION OF VARIOUS COUNTRIES' MATURITY ANALYSIS OF FOREIGN CURRENCY ASSETS,

LIABILITIES ANS FORWARD EXCHANGE", March 1975

69　イングランド銀行は、ヘルシュタット銀行の経営破綻を契機に、銀行監督に関する意見交換・情報共有を通じた各国中央銀行間の協力関係を構築することに主導権を発揮したが、ヘルシュタット銀行の経営破綻当時のイングランド銀行の認識としては、ドイツの監督当局の事前の監督ではく、事後の対応について「なぜドイツ当局はあれ程不手際に見える方法で対応したのだろうか」と問題視していた。Bank of England Archive, "Herstatt", Kirkyshire to Balfour, 4 July 1974, OV34, pp.1-4

70　Bank for International Settlements Archive 1.3a(3), Siegfried Bürger and Alwin Kloft, "Report on the liquidation of outstanding forward foreign exchange contracts after the collapse of the Herstatt Bank", 25th June 1976

71　イスラエル銀行は、イスラエルの中央銀行であり、IBBTAが経営破綻した当時、銀行監督も実施していた。また、イスラエル銀行は、IBBTAから経営破綻直前に資金繰り難を理由に支援融資を求められたが、債務超過に陥っている財務の実態と不正融資の事実を突き止めたため、IBBTAから求められていた支援融資を断った。

72　Bank for International Settlements Archive 1.3a(3), Meir Heth, "The Failure of Israel-British Bank, Tel-Aviv and Israel-British Bank (London): Some Preliminary Conclusions", August 1975

73　R. Heller and N. Willatt, "The Israeli Capers", *Can You Trust Your Bank?*, Weidenfeld and Nicolson, London, 1977, pp.254-260

74　NOTEBOOK INTERNATIONAL, "Israel-British Bank:Who's responsible ?", *The Banker,* August 1974, pp.857

75　Bank for International Settlements Archive 1.3a(3), Committee on Banking Regulations and Supervisory Practices, "Informal record of the fifth meeting held at the BIS on 11th—12th December 1975", 11th February 1976

注

76　Bank for International Settlements Archive 1.3a(3), Committee on Banking Regulations and Supervisory Practices, "Informal record of the fourth meeting held at the BIS on 25th–26th September 1975", 3rd November 1975

77　Basel Committee on Banking Supervision, "Report to the Governors on the supervision of banks' foreign establishments: Concordat," September 1975, pp.3-4

78　Ibid., pp.4-5

79　Ibid., pp.3-4

80　Bank for International Settlements Archive 1.3a(3), Committee on Banking Regulations and Supervisory Practices, "Discussion Draft: Preliminary Report to the Governors by the Committee on Banking Regulations and Supervisory Practices on International Early-warning Systems", April 1975

81　Bank for International Settlements Archive 1.3a(3), Committee on Banking Regulations and Supervisory Practices, "Preliminary Report to the Governors of the Group of Ten countries and Switzerland by the Chairman of the Committee on Banking Regulations and Supervisory Practices on International Early-warning Systems", June 1975

82　バーゼル銀行監督委員会では、バーゼル銀行監督委員会の会合に出席するメンバーの間に相互理解と信頼関係を構築するために、同じメンバーが会合に継続的に出席するという意味でメンバーシップの連続性（continuity of membership）を重視した。また、バーゼル銀行監督委員会事務局は、会合に出席するメンバーの名前、住所、電話番号を記載したリストを作成・配布して、常に当該メンバー間で緊密に情報提供や連絡ができるように支援した。

83　受入国監督当局を通じた母国監督当局による間接的な立ち入り検査も、検査結果を受入国監督当局が母国監督当局に提供することになるので、母国監督当局と受入国監督当局の間の直接的な情報交換の可否と同様の主張となる。

145

84　日本の場合、日本銀行が考査を実施する一方、大蔵省（当時）が検査を実施していたが、バーゼル銀行監督委員会の創設当初は、法律に基づく監督権限を有しない日本銀行しかバーゼル銀行監督委員会の会合に出席していなかったため、法律に基づく監督権限を有する大蔵省の主張は直接的には反映されなかった。

85　ブランデン議長が送付に際して書いたカバーレターの中では、「銀行の国外進出拠点の監督に関する総裁に対する報告書」とも呼ばれているが、「バーゼル・コンコルダット」を指す。

86　Bank for International Settlements Archive 1.3a(3), "Letter from George Blunden to the Governors of non-G-10 Central Banks", 22nd December 1975

87　Bank for International Settlements Archive 1.3a(3), "Report to the Governors on the supervision of banks' foreign establishments: extracts from the replies received from non-Group of Ten central banks and supervisory authorities to whom the report was sent", March 1976

88　Edward P. M. Gardener and Philip Molyneux, *Changes in Western European Banking,* Academic Division of Unwin Hyman Ltd, 1990, pp. 52-54

89　Bank for International Settlements Archive 1.3a(3), "Note on the Committee's first round of discussion on early warning systems", March 1975

90　Bank for International Settlements Archive 1.3a(3), Letter from George Blunden to Joseph P. Cummings, Chairman, International Accounting Standards Committee," 14th September 1976

91　1976年当時、国際会計基準審議会は、公開草案5号『財務報告書で公表する情報』を発表して、財務報告書の内容について最低基準を定める作業を推進していたが、同草案は主として金融機関以外の企業の財務報告書に関連するものであった。このため、バーゼル銀行監督委員会としては、金融機関に関連するものとして、特に外国為替業務と証券業務の分野に関して財務報告書で公表する内容について最低基準を定めるよう要望した。

注

92　1976年当時、国際会計基準審議会は、会計基準に関しては国際的に適用する基準作成のため作業を行っていたが、監査慣行に関しては全く作業を行っていなかった。このため、バーゼル銀行監督委員会としては、監査慣行に関しても、書面の様式統一をはじめ国際的に統一を図ることを促すよう作業も行って欲しい旨を要望した。

93　W. Peter Cooke, "The Development of Cooperation Between Bank Supervisory Authorities in the Group of Ten Countries, Luxembourg and Switzerland", *ICBS Proceedings, International Conference of Banking Supervisors, Washington D.C., September 24 – 25,* 1981, pp.51-58

94　Carol Parker, "More foreign banks open for business", *The Banker,* November 1981, pp.101-111

95　Ethan B. Kapstein, *Governing the Global Economy: International Finance and the State,* Harvard University Press, 1994, p.44

96　Ibid, p.44

97　Bank of England, *Record of Proceedings, International Conference of Banking Supervisors, London, July 5–6,* 1979, pp.3-4

98　Board of Governors of the Federal Reserve System, Federal Deposit Insurance Corporation, and Office of the Comptroller of the Currency, *ICBS Proceedings, International Conference of Banking Supervisors, Washington D.C., September 24–25,* 1981, pp.1-2

99　Banca d'Italia, *International Conference of Banking Supervisors, Rome, September 13–14,* 1984, pp. Ⅲ・Ⅴ

100　"Consolidated supervision of banks' international activities" では、国外進出拠点のうち国外支店、100％出資および50％超の多数出資の国外子会社については、母国監督当局による連結ベースの監督の原則が適用されることが明らかであるとしているが、50％以下の少数出資の国外子会社や国外合弁会社につい

ては、母国監督当局による連結ベースの監督の原則は出資比率に応じた按分比例を含めケース・バイ・ケースで適用するという考えを表明している。

101 Charles Grant, "Can the Cooke Committee Stand the Heat?", *Euromoney,* October 1982, p.42

102 1982年8月のメキシコによる対外債務支払猶予の要請に始まり、その後、ペルーやブラジルをはじめ多くの発展途上国が国際収支の悪化にともない累積債務問題に直面した。一方、発展途上国に貸出を行っているG10をはじめとする先進国の民間銀行は、資産内容の悪化と自己資本の毀損に直面した。

103 有罪判決の後、カルヴィは、控訴審を待つまでの間に釈放されている。

104 『ユーロマネー』(*Euromoney*)によると、「ある金融関係の有力紙は、1982年4月23日付の記事でも『アンブロシアーノは立派に営業している』と報じており、多くの銀行家もそれを信じていた」と当時のアンブロシアーノ銀行の状況が伝えられている ("Shadows and Spectres", *Euromoney,* August 1982, p.9)。

105 『バンカー』(*The Banker*)によると、1982年6月にカルヴィの死体がロンドンで発見されて以降、同年8月に新アンブロシアーノ銀行が営業を開始するまでの間に、アンブロシアーノ銀行の預金の25%が流出した ("After shocks of the earthquake", *The Banker,* September 1982, pp.7-8)

106 Banca d'Italia document, "The Banco Ambrosiano Affair: A case study in the management of bank failures", Banca d'Italia, *International Conference of Banking Supervisors, Rome, September 13–14,* 1984, pp.266-269

107 "Playing poker across the Tiber", *The Banker,* August 1982, p.9

108 "Hunt for buyers", *The Banker,* November 1982, pp.7-8

109 Buxton, James, "Italy: Inefficiencies overshadowed by Ambrosiano", *World Banking 1984 Investor Chronicle Statistics 73rd Annual Review,* p.40

110 『バンカー』は、「ルクセンブルグにおける銀行業務に関する守秘義務が、バー

ゼル・コンコルダットが有効に機能するうえで障害であった」と指摘している ("SUPPORT FOR BANKS: Whose responsibility?", *The Banker,* August 1982, pp.8-9)。

111　David Fairlamb, "Exorcising the ghost of Banco Ambrosiano", *Banking World,* April 1984, pp.17-18

112　V. Desario, Report in the session of "The new 'Concordat' and its implications. Implementation problem: presentation of the questionnaire", Banca d'Italia, *International Conference of Banking Supervisors, Rome, September 13–14,* 1984, p.20

113　Jenny Ireland, "Luxembourg holds on to its market position", *The Banker,* March 1983, pp.107-113

114　"LUXEMBOUG: No secrecy", *The Banker,* September 1982, p.7

115　*The Banker, op.cit.,* September 1982, p.7

116　Ethan B. Kapstein, *Governing the Global Economy: International Finance and the State,* Harvard University Press, 1994, p.54

117　James, Buxton, "Italy: Inefficiencies overshadowed by Ambrosiano", *World Banking 1984 Investor Chronicle Statistics 73rd Annual Review,* p.41

118　Charles Grant, *op.cit.,* p.39

119　The Basel Committee on Banking Supervision, *Report on International Developments in Banking Supervision 1982,* March 1983, p.4

120　Ibid., p.3

121　Ethan B. Kapstein, "Supervising International Banks: Origins and Implications of the Basle Accord", *Essays in the International Finance,* No.185, International Finance Section, Department of Economics, Princeton University, December 1991

122　Bank for International Settlements Archive 1.3a(1), "Informal record of the first meeting of the Committee on Banking Regulations and Supervisory Practices held at the BIS on 6th—7th February 1975", February 1975

123   Charles Grant, *op.cit.,* p.45

124   1975年12月採択の「バーゼル・コンコルダット」では、母国監督当局、受入国監督当局とも、それぞれの国の基準で判断して適切に監督すべきであると示すにとどまり、各国間で基準が異なる結果、監督が適切に行われていないと判断される場合を想定した対応を明示的には想定していなかった。

125   Richard Dale, "Basle Concordat: lessons from Ambrosiano", *The Banker,* September 1983, pp.55-56

126   Basel Committee on Banking Supervision, *Principles for the supervision of banks' foreign establishments,* BIS Publications, May 1983, pp.4-7

127   W. Peter Cooke, " The New Concordat and Its Implications", Banca d'Italia, *International Conference of Banking Supervisors, Rome, September 13—14,* 1984, p.15

128   Basel Committee on Banking Supervision, *Principles for the supervision of banks' foreign establishments,* BIS Publications, May 1983, p.3

129   Ibid., p.1

130   Ibid., pp.3-4

131   James C. Baker, *op.cit.,* pp.57-59

132   W. Peter Cooke, " The New Concordat and Its Implications", Banca d'Italia, *International Conference of Banking Supervisors, Rome, September 13—14,* 1984, p.15

133   Bank for International Settlements Archive 1.3a(1), "Informal record of the first meeting of the Committee on Banking Regulations and Supervisory Practices held at the BIS on 6th—7th February 1975", February 1975

134   Bank for International Settlements Archive 1.3a(1), "Regulations

注

governing the commercial banks' foreign currency transactions: Summary of replies received from the central banks", March 1975, pp.1-6

135　Bank for International Settlements Archive 1.3a(1), "The definition of capital and the use of subordinated debt", December 1975

136　Bank for International Settlements Archive 1.3a(1), "Report to the Governors on the status of foreign banks' branches", June 1976

137　Bank for International Settlements Archive 1.3a(1), "Informal record of the seventh meeting of the Committee on Banking Regulations and Supervisory Practices held at the BIS on 17th—18th June 1976", June 1976

138　Bank for International Settlements Archive 1.3a(1), "Informal record of the eighth meeting of the Committee on Banking Regulations and Supervisory Practices held at the BIS on 28th—29th October 1976", October 1976

139　Bank of England, *Record of Proceedings,* International Conference of Banking Supervisors, London, July 5—6, 1979, pp.28-29

140　Ibid., p.31

141　Board of Governors of the Federal Reserve System, Federal Deposit Insurance Corporation, and Office of the Comptroller of the Currency, *ICBS Proceedings, International Conference of Banking Supervisors, Washington D.C., September 24—25,* 1981, p.37

142　Committee on Banking Regulations and Supervisory Practices, *Report on International Developments in Banking Supervision Report number 5,* September 1986, pp.68-69

143　Bank for International Settlements Archive 7.17, "The Adequacy of banks' capital and provisioning, the classification of loans and suspension of interest of non-performing loans: Paper prepared by Mr. Peter Cooke, Bank

151

of England", SEANZA forum of banking supervisors, Kathmandu, 21th November 1984, p.16

144　F. R. Dahl, "BANK CAPITAL – ONCE AGAIN", *International Conference of Banking Supervisors*, Banca d'Italia, *Rome, September 13—14*, 1984, p.55

145　John E. Ryan, "Capital Adequacy – A Soundness Consideration for all Banks", *ICBS Proceedings,* International Conference of Banking Supervisors, Washington, D.C. September 24—25, 1981, p.23

146　W. M. Isaac, "CAPITAL, YES IT IS IMPORTANT", *International Conference of Banking Supervisors,* Banca d'Italia, *Rome, September 13—14,* 1984, p.52

147　M. Ikawa, "Panel contribution", *International Conference of Banking Supervisors,* Banca d'Italia, *Rome, September 13—14,* 1984, p.70

148　大田赳『国際金融　現場からの証言　日銀からみた激動の三〇年』中央公論社、1991年12月、135—136頁

149　W. F. Duisenberg, "Co-ordinated supervision in an integrated world economy", *4th International Conference of Banking Supervisors,* De Nederlandsche Bank N. V., October 1986, p.6

150　1986年9月にバーゼル銀行監督委員会が取りまとめた"The Measurement of International Banks' Capital Adequacy"は、「国際的な銀行に対して広く比較可能で適切な最低限度となる自己資本の基準を設けることは、世界中の監督当局にとって最も重要な課題となっている。それは、プルーデンス政策上の理由だけでなく、銀行業務の国際化が一段と進展していることを考慮すると、競争上の理由からも、そのように言える。」とそれまでのバーゼル銀行監督委員会の検討内容をまとめており、同年10月の第4回国際銀行監督者会議開催時点では、すでに銀行の自己資本に関する合意内容について決着がついていたことは明らかである。Committee on Banking Regulations and

Supervisory Practices, *Report on International Developments in Banking Supervision Report number 5,* September 1986, p.10

151 BS/‥‥/‥‥とは、バーゼル銀行監督委員会が作成した文書に振られる連番であり、BS/86/35はバーゼル銀行監督委員会が1986年中35番目に作成した文書であることを表記しており、具体的には"The Measurement of International Banks' Capital Adequacy"と題するペーパーを指している。

152 H. J. Muller, "Capital and Risk", 4th International Conference of Banking Supervisors, De Nederlandsche Bank N. V., October 1986, p.7

153 大田前掲書、136—137頁

154 Press Release, "Progress in international banking supervisory co-operation", *4th International Conference of Banking Supervisors,* De Nederlandsche Bank N. V., *October 1986,* p.67

155 大田前掲書、138頁

156 T. Ohta, "Concluding Remarks", *5th International Conference of Banking Supervisors,* Ministry of Finance and Bank of Japan, *October 12—13,* 1988, p.146

157 Committee on Banking Regulations and Supervisory Practices, *Report on International Developments in Banking Supervision,* Bank for International Settlements, September 1986, p.10

158 日本の銀行も、総資産を分母とするギアリング比率は、全国銀行ベースでみると、自己資本の増加を大幅に上回る資産規模の拡大から、表13のように1970年代を通じて急速に低下しており、86年5月に至り、各銀行が努力すれば達成可能な水準として4%程度以上を示す大蔵省銀行局長通達を発出している。

表13　総資産対広義自己資本比率の推移　　（単位：億円、%）

年度	1965	1970	1975	1980	1985
自己資本	322,628	652,791	1,495,605	2,778,298	4,931863
総資産	15,493	36,116	70,821	96,646	141,853
自己資本比率	4.8	5.5	4.7	3.5	2.9

159　オランダ銀行のムラーが1986年10月にアムステルダムで開催された第4回国際銀行監督者会議に提出したペーパーの分類によると、Tier 1からTier 6は以下のとおりとなっていた。H. J. Muller, *op.cit.,* pp.28-29

　　Tier 1：株式資本（普通株式払込金、非償還優先株式払込金）＋公表準備金（株式払込剰余金、利益の内部留保、一般準備金、法定準備金）

　　Tier 2：Tier 1 ＋非公表準備金（非公表の利益の内部留保）

　　Tier 3：Tier 2 ＋負債性資本調達手段（①監督当局の事前認可なく、出資者によるイニシャティブで償還されないこと、②伝統的な無担保劣後債務と異なり、金融機関が営業を継続しながら損失を吸収することに利用できること、③利息支払いを免除されることはないが、金融機関の収益状況次第で繰り延べることができること、の3つの条件を全て満たすもの）

　　Tier 4：Tier 3 ＋資産再評価準備金（金融機関保有不動産などの会計上再評価益を課税控除したもの）

　　Tier 5：Tier 4 ＋一般引当金

　　Tier 6：Tier 5 ＋伝統的な無担保劣後債務（金融機関の清算時に預金者や一般債権者に劣後して弁済されるが、ハイブリッドな債務資本証書と異なり金融機関が営業を継続する限り損失を吸収することには利用できない債務証券）

160　緒方四十郎によると、「私はこの委員会の一員ではなかったが、この問題が

注

国際決済銀行の総裁会議でも議論されるようになったとき、主要国の銀行界の中に、払込済自己資本のほかに『含み』資産を有するというものが二カ国はあることが判明した。ひとつは、ドイツであるが、ドイツの主要銀行は『含み』とは『隠された資産』なのだから、公表するつもりはないし、自己資本に算入されなくてもよい、という態度で一貫していた。他方、わが国の金融界は、含みを算入してくれれば、日本の銀行の自己資本も他国の大銀行に劣らないという論拠から、含みの算入を強く希望した。」という事情が明らかにされている。緒方四十郎『円と日銀 セントラル・バンカーの回想』中央公論社、1996年11月、94頁

161 T. Ohta, *op.cit.,* pp.146-147

162 BCCIはパキスタンの銀行家がアブダビの首長の出資を得てルクセンブルクに本社を置く多国籍金融銀行グループとして1972年に設立され、その後ニューヨーク州から告訴され、英国で営業停止処分を受けて経営破綻に陥るまでの間に、世界78カ国に400以上の支店を擁し250億ドルもの資産を有していた。

163 Basel Committee on Banking Supervision, *Report on International Developments in Banking Supervision Report number 9,* 1994, pp.64-65

164 外務省ホームページの『外交政策、G7／G8、リヨン・サミット』の「経済コミュニケ―すべての人々のためにグローバル化を成功させる」1996年6月28日の「I. 経済及び通貨協力の強化」から抜粋。

165 証券監督者国際機構は、各国の証券監督当局や証券取引所などが参加している国際的な機関であり、国際的な証券取引について基準および効果的監視を確立するために国際協力を推進しており、バーゼル銀行監督委員会および保険監督者国際機構（International Association of Insurance Supervisors）とともにジョイント・フォーラムを構成している。

166 Bank for International Settlements Press Release, "Expansion of membership announced by the Basel Committee", 13 March 2009, p.1

167　1989年のアルシュ・サミット経済宣言を受けて設立されたマネー・ローンダリング対策の国際協調を推進するための多国間の枠組みである。2001年の米国同時多発テロ事件を機に、テロ資金対策にも取り組んでいる。

168　Statutes of the Bank for International Settlements, Article 3 では、国際決済銀行の目的について、「中央銀行の協力を促進すること、国際的な金融業務に必要な追加的なファシリティを供与すること、関係当事者との協議に基づき委託された国際的な金融決済に関して受託者ないしは代理人を担うこと、である」と規定されている。

169　矢後は、バーゼル銀行監督委員会の会議の進め方を「カルチャー」として重要視して、①情報管理は厳格に行うと同時に、EC加盟国でありながらバーゼル銀行監督委員会のメンバーではない国などに対しては中央銀行間の協力関係をベースに一定の情報提供を怠らないこと、②国際決済銀行の伝統としての「欧州」のまとまりが議論の収束を促していること、③レポーターを取る、あるいはワーキング・グループを編成するという一見すると穏便な駆け引きの中で、議長や各国メンバーは議論の「流れ」を引き寄せることに腐心すること、を指摘している。矢後前掲「第6章金融グローバリゼーションと国際的銀行監督」『国際決済銀行の20世紀』239―243頁

参考文献

Acharya, Viral V., Kulkarni, Nirupama and Richardson, Matthew, "Capital, Contingent Capital and Liquidity Requirements," in Acharya, Viral V. et al., eds., *Regulating Wall Street,* John Wiley & Sons, Inc., 2011

Andrews, David M. ed., *Orderly Change: International Monetary Relations since Bretton Woods,* Cornell University Press, 2008

Axilrod, Stephen H., *Inside the Fed,* The Massachusetts Institute of Technology Press, 2009

Baer, Gunter D., "Sixty-five Years of Central Bank Cooperation at the Bank for International Settlements", Holtfrerich, Carl-L., Reis Jaime and Toniolo, Gianni ed., *The Emergency of Modern Central Banking from 1918 to the Present, Ashgate, 1999*

Baker, James C., *International Bank Regulation,* Praeger Special Studies, Praeger Publishers, 1978

——, *The Bank for International Settlements: Evolution and Evaluation,* Quorum Books, 2002

Banca d'Italia, *International Conference of Banking Supervisors, Rome, September 13–14,* 1984

Bank for International Settlements, "1.3a (3): G10 Basel Committee on Banking Supervision 1974–1979", *Bank for International Settlements Archive*

——, "6.61: Group of Ten Governors' meetings 1970–1979", *Bank for International Settlements Archive*

——, *Forty-fifth Annual Report, 1st April 1974 – 31st March 1975*

——, *Forty-sixth Annual Report, 1st April 1975 – 31st March 1976*

—, *The Bank for International Settlements and the Basle Meetings, Published on the Occasion of the Fiftieth Anniversary 1930–1980,* BIS Publications, 1980

Basel Committee on Banking Supervision, *Report on the Supervision of Banks' Foreign Establishments – Concordat,* BIS Publications, 1975

—, *Consolidation of banks' balance sheets: aggregation of risk-bearing assets as a method of supervising bank solvency,* BIS Publications, October 1978

—, *Consolidated supervision of banks' international activities,* BIS Publications, March 1979

—, *Treatment of minority participations in the consolidation of banks' balance sheets,* BIS Publications, November 1979

—, *Supervision of banks' foreign exchange positions,* BIS Publications, August 1980

—, *Banking secrecy and international cooperation in banking supervision,* BIS Publications, December 1981

—, *Management of banks' international lending: country risk analysis and country exposure measurement and control,* BIS Publications, March 1982

—, *Authorisation procedures for banks' foreign establishments,* BIS Publications, March 1983

—, *Principles for the supervision of banks' foreign establishments,* BIS Publications, May 1983

—, *Reports on International Developments in Banking Supervision 1981, 1982, 1983, 1984, 1986, 1988 and 1990*

Bank of England, *Record of Proceedings, International Conference of Banking Supervisors, London, July 5–6,* 1979

Bhala, Raj K., *Foreign Bank Regulations after BCCI,* Carolina Academic Press,

参考文献

1994

Bieri, David S., "The Basel Process and Financial Stability", Virginia Polytechnic Institute & State University, 2004

——, "The Basel Process, Financial Stability, and the Age of Turbulence", School of Public & International Affairs, Virginia Tech, 2008

Blunden, George, "International co-operation in banking supervision", *Bank of England Quarterly Bulletin,* Volume 17 Number 3, September 1977

Board of Governors of the Federal Reserve System, Federal Deposit Insurance Corporation, and Office of the Comptroller of the Currency, *ICBS Proceedings, International Conference of Banking Supervisors, Washington D.C., September 24–25,* 1981

Borio, Claudio E. V. and Toniolo Gianni, "One hundred and thirty years of central bank cooperation: a BIS perspective", *BIS Working Papers No 197,* 2006

Capie, Forrest, *The Bank of England 1950–1979,* Cambridge University Press, 2010

Clement, Piet, "Introduction: Past and Future of Central Bank Cooperation", Borio, Claudio, Toniolo, G. and Clement, P. eds., *Past and Future of Central Bank Cooperation,* Cambridge University Press, 2008

Cooper, Richard N., "International Cooperation in Public Health as a Prologue to Macroeconomic Cooperation", *Can Nations Agree?,* The Brookings Institution, 1989, "Almost a century of central bank cooperation", *BIS Working Papers No 198, 2006*

——, "Almost a Century of Central Bank Cooperation", Borio, Claudio, Toniolo, G. and Clement, P. eds., *Past and Future of Central Bank Cooperation,* Cambridge University Press, 2008

Cornwell, Rupert, *God's Banker,* London Victor Gollancz Ltd., 1983

Dale, Richard, *The Regulation of International Banking,* Woodhead-Faulkner Ltd., 1984

Eatwell, John and Taylor, Lance, *Global Finance at Risk: the Case for International Regulation,* Polity Press, 2000

Freeland, Charles, "The Basel Committee Process", *Paper prepared font the One World Workshop:* Increasing Accountability through External Stakeholder Engagement, October 2003

Gardener, Edward P. M. and Molyneux, Philip, *Changes in Western European Banking,* Academic Division of Unwin Hyman Ltd, 1990

Goodhart, Charles A. E., *The Regulatory Response to the Financial Crisis,* Edward Elgar Publishing Limited, 2009

——, *The Basel Committee on Banking Supervision: A History of the Early Years, 1974–1997,* Cambridge Univeristy Press, 2011

Grote, Rainer and Marauhn, Thilo, *The Regulation of International Financial Markets,* Cambridge University Press, 2006

Hall, Maximilian J. B., *Handbook of Banking Regulation and Supervision Second Edition,* Woodhead-Faulkner, 1993

Helleiner, Eric, *States and the Reemergence of Global Finance: From Bretton Woods to the 1990s,* Cornell University Press, 1994

Heller, Robert and Willatt, Norris, *Can You Trust Your Bank?,* Weidenfeld and Nicolson, 1977

Herring, Richard J. and Litan R. E., *Financial Regulation in the Global Economy,* The Brookings Institution, 1995

Kahler, Miles and Lake, David A., "Economic Integration and Global Governance: Why So Little Supranationalism?" in Mattli, Walter and

参考文献

Woods, Ngaire eds., *The Politics of Global Regulation,* Princeton University Press, 2009

Kapstein, Ethan B., "Supervising International Banks: Origins and Implications of the Basle Accord", *Essays in the International Finance,* No.185, International Finance Section, Department of Economics, Princeton University, 1991

——, *Governing the Global Economy: International Finance and the State,* Harvard University Press, 1994

——, "Shockproof: The End of the Financial Crisis", *Foreign Affairs,* January/February 1996, pp.2-8

——, "Architects of Stability? International Cooperation among Financial Supervisors", *BIS Working Papers No 199,* 2006

——, "Architects of Stability? International Cooperation among Financial Supervisors", Borio, Claudio, Toniolo, G. and Clement, P. eds., *Past and Future of Central Bank Cooperation,* Cambridge University Press, 2008

Kindleberger, Charles P., *A Financial History of Western Europe,* Routledge, 1984

——, *World Economic Primacy 1500–1990,* Oxford University Press, 1996

——, and Aliber, Robert, *Manias, Panics, and Crashes: A History of Financial Crises Fifth Edition,* John Wiley & Sons, Inc., 2005

Koch, Elmar B, *Challenges at the Bank for International Settlements: An Economist's (Re)View,* Springer, 2007

Mattli, Walter and Woods, Ngaire "In Whose Benefit? Explaining Regulatory Change in Global Politics", in Mattli, Walter and Woods, Ngaire eds., *The Politics of Global Regulation,* Princeton University Press, 2009

Ministry of Finance and Bank of Japan, 5th *International Conference of Banking*

Supervisors, Tokyo, October 12—13, 1988

Pecchioli R. M., *Prudential Supervision in Banking,* Organisation for Economics, 1987

Putnam, Robert D. and Nicholas Bayne, *Hanging Together: The Seven-Power Summits,* Harvard University Press, 1984

Putnam, Robert D. and Randall C. Henning, "The Bonn Summit of 1978: A Case Study in Coordination", *Can Nations Agree?,* The Brookings Institution, 1989

Pauly, Louis W., *Who Elected the Bankers?: Surveillance and Control in the World Economy,* Cornell University Press, 1997

Raw, Charles, *The Money Changers,* Harvill, 1992

Simons, Beth A., "The Future of Central Bank Cooperation", Borio, Claudio, Toniolo, G. and Clement, P. eds., *Past and Future of Central Bank Cooperation,* Cambridge University Press, 2008

Toniolo, Gianni with the assistance of Clement, Piet, *Central Bank Cooperation at the Bank for International Settlements, 1930—1973,* Cambridge University Press, 2005

Volker, Paul A. and Gyohten, Toyo, *Changing Fortune: The World's Money and the Threat to American Leadership,* Times Book, 1992

Walker, George A., *International Banking Regulation, Law, Policy and Practice,* Kluwer Law International, 2001

Wallich, Henry C., "Institutional Cooperation in the World Economy", Jacob Frenkel and Michael Mussa, eds. *The World Economic System: Performance and Prospects,* Auburn House, Publishing Company, 1984

Wood, Duncan, *Governing Global Banking: The Basel Committee and the Politics of Financial Globalisation,* Ashgate, 2005

参考文献

Yoshikuni, Shinichi, "The Basel Process and Regional Harmonization in Asia", *Technical Report Pacific Economic Papers No. 326,* National Australian University, 2004

大田赳『国際金融　現場からの証言』中央公論社、1991 年 12 月

緒方四十郎『円と日銀』中央公論社、1996 年 11 月

佐藤隆文編『バーゼルⅡと銀行監督　新しい自己資本比率規制』東洋経済新報社、2007 年

徳田博美監修『自己資本比率規制と銀行経営戦略の転換　ROA・リスク管理確立への指針』金融財政事情研究会、1989 年 4 月

氷見野良三『BIS 規制と日本　第 2 版』金融財政事情研究会、2005 年

マッケンジー、G. W.、原亨・臼井紀幸・本多光雄訳『ユーロカレンシーの経済学』文眞堂、1979 年 2 月

矢後和彦「ユーロ・カレンシー市場と国際決済銀行──1950─60 年代の新自由主義と国際金融市場」権上康男編『新自由主義と戦後資本主義──欧米における歴史的経験』日本経済評論社、2006 年

──「国際金融機関史」上川孝夫・矢後和彦編『国際金融史』2007 年、有斐閣

──『国際決済銀行の 20 世紀』2010 年 3 月、蒼天社出版

横山昭雄監修『金融機関のリスク管理と自己資本』有斐閣、1989 年 7 月

吉國眞一『国際金融ノート』麗澤大学出版会、2008 年

渡部訓「金融システム安定のための国際協力の起源とその後の発展」『経済志林』法政大学、2009 年 3 月

──「バーゼル銀行監督委員会を通じた銀行監督における国際協力の発展」『経済志林』法政大学、2009 年 3 月

──「金融システム安定のための国際協力の起源と発展──バーゼル銀行監督委員会の発展過程」『経営と制度』首都大学東京、2010 年 2 月

資料1
1970年を通じてバーゼル銀行監督委員会が取り上げた議題

第1回会合──1975年2月6、7日、バーゼルで開催
1　本委員会の目的
2　各国における規制監督の現状に関する事務局報告
3　銀行の外国為替ポジションに対する監督
4　早期警戒システム
5　今後の検討課題
6　総裁会議への報告

第2回会合──1975年4月24、25日、バーゼルで開催
1　議長冒頭報告
1-1　ECとの連携
1-2　オーストラリア、シンガポールからの情報提供依頼
1-3　第1回会合議事録の承認
2　各国における規制監督の現状
3　早期警戒システム
4　外国為替ブローカーの役割と銀行との関係
5　今後の検討課題

第3回会合──1975年6月19、20日、バーゼルで開催
1　議長冒頭報告
1-1　委員会メンバーの異動（日本、ドイツ）
1-2　第2回会合議事録の承認

資料1　1970年を通じてバーゼル銀行監督委員会が取り上げた議題

2　各国における規制監督の現状
3　早期警戒システム
4　各国の銀行に対する支援・救済措置の方法
5　今後の検討課題

第4回会合──1975年9月25、26日、バーゼルで開催

1　議長冒頭報告
1-1　委員会メンバーの異動（米国、ドイツ、カナダ、ルクセンブルグ）
1-2　イスラエル中央銀行スタッフの特別参加
1-3　第3回会合議事録の承認
2　各国における規制監督の現状
3　早期警戒システム
4　イスラエル・ブリティッシュ銀行
5　支援・救済措置の方法
6　今後の検討課題

第5回会合──1975年12月11、12日、バーゼルで開催

1　議長冒頭報告
1-1　委員会メンバーの異動（英国、スイス）
1-2　第4回会合議事録の承認
2　各国における規制監督の現状
3　早期警戒システム
4　イスラエル・ブリティッシュ銀行
5　各国の銀行に対する支援・救済措置の方法
6　異なる形態の銀行資本の役割
7　今後の検討課題

第6回会合──1976年3月25、26日、バーゼルで開催

1　議長冒頭報告
1-1　委員会メンバーの異動（フランス、日本、ドイツ）
1-2　第5回会合議事録の承認
2　各国における規制監督の現状
3　早期警戒システム
4　各国の銀行に対する支援・救済措置の方法
5　会計・監査の慣行
6　銀行の出資関係
7　契約相手が支払い不能に陥った場合における先物外国為替契約残高の清算に関するルール
8　最後の貸し手機能
9　異なる形態の銀行資本の役割
10　今後の検討課題

第7回会合──1976年6月17、18日、ストックホルムで開催

1　議長冒頭報告
1-1　委員会メンバーの異動（スイス、オランダ、カナダ、フランス、イタリア）
1-2　問題銀行への対応における国際協力の可能性に関する検討ペーパー
1-3　第6回会合議事録の承認
2　各国における規制監督の現状
3　異なる形態の銀行資本の役割
4　会計・監査の慣行

資料1　1970年を通じてバーゼル銀行監督委員会が取り上げた議題

5　契約相手が支払い不能に陥った場合における先物外国為替契約残高の清算に関するルール
6　外国為替取引に関する報告内容の比較
7　銀行の出資関係
8　今後の検討課題

第8回会合──1976年10月28、29日、バーゼルで開催

1　議長冒頭報告
1-1　委員会メンバーの異動（日本、イタリア、オランダ、スイス）
1-2　総裁会議への報告
1-3　第7回会合議事録の承認
2　各国における規制監督の現状
3　外国銀行の支店の地位に関する総裁会議への報告
4　銀行の出資関係
5　契約相手が支払い不能に陥った場合における先物外国為替契約残高の清算に関するルール
6　国際的な貸出におけるカントリー・リスク
7　自己資本の定義と劣後債務の取り扱い
8　外国為替取引に関する報告内容の比較
9　会計・監査の慣行
10　ロールオーバー貸出の取り扱い
11　銀行監督と損益計算書
12　今後の検討課題

第9回会合──1977年3月3、4日、バーゼルで開催

1　議長冒頭報告
1-1　委員会メンバーの異動（日本、ドイツ）
1-2　外国銀行の支店の地位に関する総裁会議への報告
1-3　国際商工会議所銀行委員会との協議
1-4　国際会計基準委員会カミングス議長との会談
1-5　第8回会合議事録の承認
2　本委員会メンバーの新しい連絡網
3　各国における規制監督の現状
4　銀行のコンファメーションに関する照会
5　銀行の出資関係
6　ロールオーバー貸出の取り扱い
7　銀行監督と損益計算書
8　国際的な貸出におけるカントリー・リスク
9　銀行間の融資関係情報の交換
10　今後の検討課題

第10回会合──1977年6月30日、7月1日、バーゼルで開催

1　議長冒頭報告
1-1　議長の交代〔6月30日午前中まではブランデン議長、6月30日午後以降はクック議長が、それぞれ議事を進行した〕
1-2　委員会メンバーの異動（カナダ、ドイツ、日本、英国、米国）
1-3　銀行の出資関係
1-4　国際会計基準委員会との協議
1-5　国際商工会議所銀行委員会との協議
1-6　第9回会合議事録の承認

資料1　1970年を通じてバーゼル銀行監督委員会が取り上げた議題

2　各国における規制監督の現状
3　ロールオーバー貸出の取り扱い
4　銀行監督と損益計算書
5　預金保険制度
6　国際的な貸出におけるカントリー・リスク
7　銀行間の融資に関する情報交換
8　今後の検討課題

第11回会合──1977年10月27、28日、バーゼルで開催

1　議長冒頭報告
1-1　委員会メンバーの異動（イタリア、英国）
1-2　銀行の出資関係
1-3　国際会計基準委員会との協議
1-4　第10回会合議事録の承認
2　各国における規制監督の現状
3　契約相手が支払い不能に陥った場合における先物外国為替契約残高の清算に関するルール
4　国際市場における銀行間貸借のマチュリティ構造
5　実体の無い架空会社の業務
6　預金保険制度
7　銀行監督と損益計算書
8　国際的な貸出におけるカントリー・リスク
9　銀行間の融資に関する情報交換
10　監督の前提となる銀行の連結ベースのバランス・シート
11　今後の検討課題

第 12 回会合──1978 年 3 月 2、3 日、バーゼルで開催

1 議長冒頭報告
1-1 委員会メンバーの異動（ベルギー、カナダ、米国、フランス、スウェーデン）
1-2 事務局スタッフの異動
1-3 ブランデン前議長からの書簡
1-4 外国為替先物契約に関する小委員会の作業
1-5 EC コンタクト・グループとの連携
1-6 本委員会メンバーの新しい連絡網
1-7 国際会計基準委員会および国際会計士連盟との関係
1-8 第 11 回会合議事録の承認
2 各国における規制監督の現状
3 クレディ・スイス銀行キアッソ支店の教訓
4 オフショア・センターの銀行監督上の問題
5 国際的な貸出におけるカントリー・リスク
6 監督の前提となる銀行の連結ベースのバランス・シート
7 預金保険制度
8 国際市場における銀行間貸借のマチュリティ構造
9 銀行の収益性
10 各国における銀行監督制度に関する改訂
11 今後の検討課題

第 13 回会合──1978 年 6 月 29、30 日、ルクセンブルグで開催

1 議長冒頭報告
1-1 委員会メンバーの異動（米国、イタリア、ベルギー）
1-2 第 12 回会合議事録の承認

資料1　1970年を通じてバーゼル銀行監督委員会が取り上げた議題

2　各国における規制監督の現状
3　オフショア・センターの銀行監督上の問題に関する総裁会議への報告内容
4　監督の前提となる銀行の連結ベースのバランス・シート
5　国際会計基準委員会および国際会計士連盟との関係
6　契約相手が支払い不能に陥った場合における先物外国為替契約残高の清算に関するルール
7　国際的な貸出におけるカントリー・リスク
8　預金保険制度
9　国際市場における銀行間貸借のマチュリティ構造
10　銀行の収益性
11　今後の検討課題

第14回会合──1978年10月26、27日、バーゼルで開催

1　議長冒頭報告
1-1　委員会メンバーの異動（米国、ルクセンブルグ、ベルギー）
1-2　1978年11月に開催のユーロ・カレンシー市場常設委員会との会合の予定
1-3　国際会計基準委員会および国際会計士連盟との関係
1-4　契約相手が支払い不能に陥った場合における先物外国為替契約残高の清算に関するルール
1-5　第13回会合議事録の承認
2　各国における規制監督の現状
3　銀行の連結ベースのバランス・シートに関する総裁会議への報告内容
4　国際的な貸出におけるカントリー・リスク

5 国際市場における銀行間貸借のマチュリティ構造
6 預金保険制度
7 銀行の収益性
8 銀行業務に関する守秘義務
9 今後の検討課題

第15回会合――1979年3月1、2日、バーゼルで開催
1 議長冒頭報告
1-1 委員会メンバーの異動（日本、米国、カナダ）
1-2 1978年11月に開催したユーロ・カレンシー市場常設委員会との会合の成果
1-3 1979年7月にロンドンで開催される国際監督者会議に際して実施するG10諸国以外の監督当局との会議の予定
1-4 国際会計基準委員会および国際会計士連盟との関係
1-5 第14回会合議事録の承認
2 各国における規制監督の現状
3 銀行の連結ベースのバランス・シート
4 国際市場における銀行間貸借のマチュリティ構造
5 国際的な貸出におけるカントリー・リスク
6 銀行業務に関する守秘義務
7 契約相手が支払い不能に陥った場合における先物外国為替契約残高の清算に関するルール
8 銀行の外国為替ポジションの監視
9 オフショア・センターにおける銀行監督の手続き
10 今後の検討課題

資料1　1970年を通じてバーゼル銀行監督委員会が取り上げた議題

第16回会合——1979年6月28、29日、バーゼルで開催

1　議長冒頭報告
1-1　委員会メンバーの異動（日本、米国）
1-2　1979年7月にロンドンで開催される国際監督者会議に際して実施するG10諸国以外の監督当局との会議の予定
1-3　第15回会合議事録の承認
2　各国における規制監督の現状
3　国際的な貸出におけるカントリー・リスク
4　国際市場における銀行間貸借のマチュリティ構造
5　銀行の連結ベースのバランス・シート
6　国際会計基準委員会および国際会計士連盟との関係
7　銀行業務に関する守秘義務
8　銀行の外国為替ポジションの監視
9　オフショア・センターにおける銀行監督の手続き
10　今後の検討課題

第17回会合——1979年11月8、9日、バーゼルで開催

1　議長冒頭報告
1-1　委員会メンバーの異動（ドイツ）
1-2　1979年7月にロンドンで開催された国際監督者会議の成果
1-3　国際会計基準委員会および国際会計士連盟との関係
1-4　銀行の連結ベースのバランス・シートにおける少数持分権の扱い
1-5　プルーデンス上の措置を使用して国際的な銀行貸出に制限を設けることの実現可能性

1-6　契約相手が支払い不能に陥った場合における先物外国為替契約残高の清算に関するルール

1-7　第 16 回会合議事録の承認

2　各国における規制監督の現状

3　国際市場における銀行間貸借のマチュリティ構造

4　銀行の外国為替ポジションの監視

5　銀行業務に関する守秘義務

6　監督責任の分担

7　オフショア・センターにおける銀行監督の手続き

8　シンジケート・ローンへの非開示参加

9　今後の検討課題

資料2
国際銀行監督者会議における議題——第1回会議から第5回会議まで

第1回会議——1979年7月5、6日、ロンドンで開催
1 国際的な銀行貸出の監督
2 国際的な銀行業務における自己資本充実度と適正流動性の測定
3 銀行の外国為替業務の規制
4 連結ベースの銀行監督
5 オフショア・センターの状況
6 国際協力のモデルとしての「バーゼル・コンコルダット」

第2回会議——1981年9月24、25日、ワシントンD.C.で開催
1 銀行の自己資本と銀行監督における自己資本基準
　　—— 自己資本の充実、銀行にとっての健全性
　　—— 銀行監督から見た自己資本の充実、数値アプローチ
　　—— 香港における銀行監督と自己資本充実度
2 国際協力の取り組み
　　—— 銀行監督当局間の協力
　　—— G10諸国における銀行監督当局間協力の進展
　　—— オフショア・センター銀行監督グループにおける国際協力の取り組み
　　—— EECにおけるにおける銀行監督当局間協力の進展
　　—— ラテン・アメリカおよびカリブ海地域における国際協力の取り組み

3　預金保険

　　—— 米国における預金保険

　　—— スイスにおける預金保険

　　—— フィリピンにおける預金保険

4　問題銀行および破綻銀行への対応

　　—— 米国における問題銀行への対応

　　—— 英国における第2次銀行危機

　　—— ドイツにおける問題銀行および破綻銀行への対応

　　—— イタリアにおける財務内容が悪化した銀行の発見と適切な介入

　　—— スペインにおける銀行危機

　　—— アルゼンチンにおける金融システムの困難

5　国境を越えた情報交換

　　—— 銀行業務に関する情報の国家間フロー、米国の事例

　　—— 銀行業務に関する情報の国家間フロー、レバノンの事例

　　—— 銀行業務に関する情報の国家間フロー、パナマの事例

第3回会議——1984年9月13、14日、ローマで開催

1　「バーゼル・コンコルダット」改訂とそのインプリケーション、実施するうえで解決すべき問題点

2　銀行の適正な自己資本

3　連結ベースのプルーデンス政策の効果、解決すべき問題点と有効性の限界

4　銀行の実地調査、検査と外部監査

5　市場アクセスとオーソライゼーションによる構造的監督

6　国際協力の取り組み

資料2　国際銀行監督者会議における議題

第4回会議──1986年10月23、24日、アムステルダムで開催
1　自己資本とリスク
2　コンコルダットの実践的課題としての情報交流の歴史的側面
3　自由化と銀行業の強化

第5回会議──1988年10月12、13日、東京で開催
1　銀行業における変化
　　── 金融市場の規制緩和と国際化
　　── 技術革新と銀行監督
　　── 銀行監督手法の強化
2　銀行資本の収斂
3　資産内容の監督
　　── 貸倒引当金、不良資産の認定とその取り扱い
　　── 大口融資の監督
　　── 検査を通じた資産内容の査定
　　── 銀行の資産内容モニタリングにおける外部監査の役割

索 引

あ行

アイザック（W. M. Isaac）112
アンブロシアーノ銀行　78, 79, 80,
　　81, 82, 83, 84, 85, 86, 87, 88, 89,
　　90, 91, 92, 93
アンブロシアーノ・ホールディング
　　79, 80, 81, 82, 83, 84, 86, 87, 88,
　　92, 93
EC 監督当局コンタクト・グループ
　　102, 104, 106, 107
EC 銀行アドバイザリー委員会　106,
　　107
EEC 中央銀行総裁会議　43
井川（M. Ikawa）113
意見交換・情報共有　3, 4, 8, 9, 12, 13,
　　14, 15, 19, 20, 21, 22, 23, 32, 37,
　　46, 47, 49, 51, 56, 59, 61, 68, 90,
　　98, 100, 101, 104, 126, 127, 128,
　　132, 134
イスラエル銀行　52, 53, 54, 55
イスラエル・ブリティッシュ銀行　52
イタリア銀行　35, 36, 72, 81, 82, 83,
　　84, 85, 86, 87
イングランド銀行　5, 8, 21, 32, 33,
　　34, 35, 36, 42, 46, 47, 53, 54, 68,
　　69, 70, 71, 101, 102, 109, 110,
　　119, 127, 129
ヴァチカン銀行　80, 82
ウェリンク（N. Wellink）132, 133
受入国監督当局　50, 54, 56, 57, 58,
　　59, 60, 62, 75, 76, 78, 84, 86, 87,
　　91, 92, 93, 94, 95, 105, 106, 110,
　　128, 129
ウッド（Duncan Wood）5, 6, 21
大田赳　113, 115, 117, 118, 124
オフショア・センター　62, 71, 72, 73
オブライエン（Leslie K. O'Brien）
　　42

か行

ガードナー
　　（Edward . P. M. Gardener）62
外国為替ポジション　34, 56, 57, 64,
　　76, 93, 94, 101
カプスタイン（Ethan B. Kapstein）
　　5, 6, 21, 69, 70, 89
カルヴィ（R. Calvi）79, 80, 81
カントリー・リスク　68, 100, 124
ギャルピン（R. D. Galpin）101, 102
金・外国為替専門家委員会　43
銀行の自己資本に関する合意
　　3, 9, 12, 15, 22, 23, 72, 100, 108,
　　112, 113, 114, 116, 117, 118, 126,

索 引

129,
金融活動作業部会 133, 134
クック（Peter Cooke） 68, 89, 97, 105, 109, 117, 118
グッドハート（Charles Goodhart） 7, 8
クレメント（Piet Clement）6, 7, 21
経済協力開発機構 13, 14, 22, 23, 32, 33, 42, 122, 123, 124
国際決済銀行　2, 3, 4, 5, 6, 7, 8, 9, 12, 13, 14, 15, 16, 17, 18, 19, 21, 22, 28, 29, 30, 31, 32, 33, 34, 35, 37, 38, 39, 41, 42, 44, 46, 56, 72, 134
国際銀行監督者会議　6, 8, 22, 71, 72, 73, 83, 88, 89, 97, 106, 107, 112, 113, 114, 115, 116, 118, 120, 124
国際通貨基金　2, 13, 14, 15, 26, 32, 38, 41
国際的な銀行グループ 93, 96, 128
「国際的に活動する銀行グループの監督における最低基準」126, 127
国際復興開発銀行 13, 15, 38
コリガン（G. Corrigan）117
コルゲ（Colje）107, 120
コンティネンタル・イリノイ銀行 78
コンピュータ専門家委員会 43

さ行

最後の貸し手機能　32, 47, 50, 87, 90, 92, 95, 96, 97, 98
佐藤隆文 6, 7, 21

G7サミット 14, 130, 131
G10財務大臣・中央銀行総裁会議 15, 32, 33, 35, 38, 42, 43
G10中央銀行総裁会議 3, 4, 12, 26, 28, 29, 31, 32, 33, 34, 35, 37, 42, 43, 46, 47, 58, 61, 62, 88, 105, 116, 117, 120, 133
G20 127, 133, 134
自己資本指令 108
自己資本の定義　101, 102, 104, 105, 106, 107, 108, 118, 119, 121, 122
自己資本比率の算定方式 106, 107, 118, 119
自己資本比率の所要最低水準 118, 119, 120
「実効的な銀行監督のためのコアとなる諸原則」126, 127, 130, 131
支払い・決済システム委員会 15, 98
支払い能力 33, 48, 50, 51, 52, 56, 57, 58, 64, 68, 76, 86, 91, 93, 94, 101, 106
シュナイダー（M. Schneider）105
新アンブロシアーノ銀行 81, 82
スイス・ユニオン銀行 28, 40
政策協調 3, 4, 8, 9, 12, 14, 15, 16, 19, 20, 21, 22, 23, 90, 97, 100, 108, 109, 126, 127, 129, 130, 131, 132, 134
早期警戒システム 34, 46, 50, 58, 59, 61, 63, 64, 66, 104
相互監視の仕組み 129
ソルヴェンシー・レシオ指令 108

179

た行

Tier 1　121
Tier 2　121
第一次銀行指令　62, 106, 109
中央銀行政策責任者会議　43
デール（Richard Dale）　91, 92, 102, 111
デューゼンベルク（W. F. Duisenberg）　114
トニオロ（Gianni Toniolo）　6, 7, 21, 30

な行

日本銀行　35, 36, 60, 113, 115, 117, 118, 124

は行

バーゼル銀行監督委員会　3, 4, 5, 6, 7, 8, 9, 12, 13, 14, 15, 16, 17, 18, 20, 21, 22, 23, 26, 29, 30, 31, 32, 33, 34, 35, 36, 37, 38, 42, 43, 44, 46, 47, 49, 50, 51, 55, 57, 58, 59, 60, 61, 62, 63, 65, 66, 68, 70, 71, 72, 73, 74, 76, 78, 87, 88, 89, 90, 91, 92, 93, 95, 96, 97, 100, 101, 102, 104, 105, 107, 108, 109, 112, 113, 114, 115, 116, 118, 119, 120, 124, 126, 127, 128, 129, 130, 131, 132, 133, 134
バーゼル銀行監督委員会事務局　22, 35, 36, 42, 44, 60, 101, 102, 104
「バーゼル・コンコルダット」の改訂　9, 88, 97, 106
「バーゼル・コンコルダット」の採択　3, 9, 21, 50, 101, 102
バーゼル・プロセス　15, 16, 18, 19, 20, 132
BCCI　89, 126, 127, 128, 129
ビエーリ（David S. Bieri）　6, 16, 17, 18, 21
氷見野良三　6, 7, 21
負債性資本調達手段　121
フランクリン・ナショナル銀行　2, 26, 28, 40, 48, 49, 51, 52
フランス銀行　35
ブランデン（George Blunden）　5, 32, 33, 34, 36, 42, 46, 48, 61, 63, 68, 70, 89, 101, 102, 104, 105
フリーランド（Charles Freeland）　16, 17
ブルガー（Bürger）　107
ブンデスバンク　27, 35, 51, 107
ベアリングス　126
米英両国の共同提案　116
ベイエンス（H. Baeyens）　105
ベーカー（James C. Baker）　6, 21, 96
ベスト・プラクティス　4, 15, 16, 17, 18, 19, 20, 21, 22, 23, 46, 47, 49, 55, 58, 65, 68, 97, 98, 100, 113, 118, 126, 131, 134
ベスト・プラクティス・ペーパー　17, 20, 46, 47, 49, 55, 58, 65, 97, 98
ヘルシュタット銀行　2, 26, 27, 28, 31,

索　引

39, 40, 47, 48, 49, 50, 51, 52, 54
ホーム・カントリー主義　110
母国監督当局　21, 50, 54, 56, 57, 58, 59, 60, 61, 62, 63, 69, 75, 76, 78, 82, 83, 84, 86, 87, 91, 92, 93, 94, 95, 105, 106, 110, 128, 129
ホスト・カントリー主義　110
ボナルダン（J. Bonnardin）　105
ボリオ（Claudio E. V. Borio）　6, 16, 18, 21
ホワイト（William R. White）　6, 16, 18, 21

ま行

マクロ・プルーデンス　19, 47, 50, 98, 126, 142
ミクロ・プルーデンス　19, 47, 50, 78, 98, 126
ムラー（H. J. Muller）　105, 114, 115
モリヌー（Philip Molyneux）　62

や行

ヤーンス（P. Jaans）　85, 86, 106, 107, 120
矢後和彦　7, 134
ユーロ・カレンシー市場　2, 26, 27, 28, 29, 30, 31, 32, 33, 37, 38, 39, 40, 41, 42, 43, 47, 48, 53, 69, 70, 74, 78, 80, 84, 87, 90
ユーロ・カレンシー市場常設委員会　31, 32, 43
吉國眞一　6, 16, 17, 18, 21

ら行

ラール（René Larre）　39, 40, 41
ランデスバンク　28, 40
リスク・アセット・レシオ　23, 103, 108, 109, 111, 113, 119
リスク・ウェイト　23, 103, 119, 122, 123, 124
リチャードソン（G. W. Richardson）　70
流動性　2, 26, 28, 29, 30, 33, 38, 40, 48, 50, 56, 57, 64, 68, 71, 86, 93, 94, 101, 102
ルクセンブルグ銀行統制委員会　35, 85, 86, 92

【著者略歴】

渡部　訓（わたなべ　さとし）

　東京大学教養学部教養学科（国際関係論）卒業。ペンシルヴァニア大学ウォートンスクール終了（MBA）。首都大学東京大学院博士課程終了（博士〔経営学〕）。日本銀行、国際決済銀行などの勤務を経て、現在、武蔵野大学政治経済学部経営学科教授。
　主要論文に、「日本における自己資本比率規制と金融機関の資産運用」（『駒澤大学経営学部研究紀要』2005 年）、"Banks' Capital Management in Japan"（『東京国際大学経済学部論叢』2006 年）、"Risk Management by Japanese Banks"（『東京国際大学経済学部論叢』2007 年）、「金融システム安定のための国際協力の起源とその後の発展」（『法政大学経済志林』2009 年）、「バーゼル銀行監督委員会を通じた銀行監督における国際協力の発展」（『法政大学経済志林』2009 年）、"Transition of Explanatory Power of the Credit Risk Models and Possible Causes for It"（『東京国際大学経済学部論叢』2009 年）、「金融システム安定のための国際協力の起源と発展――バーゼル銀行監督委員会の発展過程」（首都大学東京大学院経営学会『経営と制度』2010 年）などがあるほか、翻訳に吉國眞一・矢後和彦監訳『サウンドマネー』（蒼天社出版、2010 年）がある。

バーゼルプロセス　金融システム安定への挑戦

2012 年 8 月 25 日　初版第 1 刷発行

編著者　　渡部　訓

発行者　　上野　教信

発行所　　蒼天社出版（株式会社　蒼天社）

　　　　　101-0051　東京都千代田区神田神保町 3-25-11

　　　　　電話　03-6272-5911　FAX 03-6272-5912

　　　　　振替口座番号　00100-3-628586

印　刷・厚徳社
製本所

©2012　Satoshi Watanabe
ISBN 978-4-901916-31-8　Printed in Japan
万一落丁・乱丁などがございましたらお取り替えいたします。
R〈日本複写権センター委託出版物〉
　本書の全部または一部を無断で複写複製（コピー）することは、著作権法上での例外を除き、禁じられています。本書からの複写を希望される場合は、日本複写センター（03-3401-2382）にご連絡ください。

【蒼天社出版の金融関係図書】

国際通貨制度論攷

島崎久彌著　8年間前に金融自由化をカジノ化と批判した著者の論考は一向に色あせることなく、金融危機後の制度改正には格好のモデルである。　A5判 5,460円

現代証券取引の基礎知識

国際通貨研究所糠谷英輝編/糠谷英輝、佐藤信、髙力渉著　証券取引の実態を取引、清算、決済からコーポレートアクションまで、その世界的な動向と基本的な仕組みを紹介した最新の手引書。　A5判 2,520円

銀行の罪と罰

野崎浩成著　銀行のガバナンス、銀行規制、行動経済学などを様々な側面から分析。銀行経営者が持つ金銭欲、名誉欲を正す。　四六判 1,890円

サウンドマネー —— BISとIMFを築いた男、ペール・ヤコブソン

吉國眞一・矢後和彦監訳/アンドリュー・クロケット序文　BISのチーフ・エコノミスト、IMFの専務理事として現在の国際金融協力体制の基礎を築いたペール・ヤコブソンの生涯を描く。　A5判 4,725円

国際決済銀行の20世紀

矢後和彦著　BISの本格的通史。BISや各国中央銀行の一次資料に依拠して、国際金融と経済史を融合した独創的な歴史像を呈示。　A5判 3,990円

多国籍金融機関のリテール戦略

長島芳枝著　世界的金融機関シティグループ、HSBC、バンク・オブ・アメリカのリテール戦略を事例に、リテール金融の成長をみる。　A5判 3,990円

拡大するイスラーム金融

糠谷英輝著　イスラーム教の金融原則、イスラーム金融のスキームを踏まえ、イスラーム銀行・金融市場の動向を分析。　四六判 2,940円

HSBCの挑戦

立脇和夫著/HSBC東京ホールディングス資料提供　M&Aにより世界の一大金融コングロマリットとなったHSBCの輝かしい軌跡とは。　四六判 1,890円